Jüngling Ich bin Gott – keiner sonst

W0202208

Hans-Winfried Jüngling SJ

ICH BIN GOTT – keiner sonst

Annäherung an das Alte Testament

echter

DEN FELLINIS

CIP-Kurztitelaufnahme der Deutschen Bibliothek

Jüngling, Hans-Winfried:
Ich bin Gott – keiner sonst: Annäherung an d. Alte Testament / Hans-Winfried Jüngling. – Würzburg : Echter, 1981.
ISBN 3-429-00719-4

© 1981 Echter Verlag Würzburg

Imprimi potest, Köln, den 9. März 1981
Dr. Rolf-D. Pfahl SJ, Praep. Prov. Germ. Sept.

Umschlag: Josef Langhans

Gesamtherstellung: Fränkische Gesellschaftsdruckerei Würzburg

ISBN 3 429 00719 4

Inhalt

Vorwort

Die hier vorgelegten Texte versuchen einen Zugang zum Alten Testament, indem sie auf einige Aspekte seiner Anthropologie aufmerksam machen. Sie stehen unter dem Wort des zweiten Jesaja »Ich bin Gott – keiner sonst« (Jes 45, 22), weil nach dem Zeugnis des alten Buches echtes Menschentum nur im Glauben an Gott garantiert ist. Gegen diese Überzeugung können massive Einwände vorgebracht werden. Gläubige und Fromme – besonders sie – haben nur allzuoft durch Menschenverachtung den Glauben an Gott in Mißkredit gebracht. Dennoch scheint mir biblischer Humanismus, der mit dem Glauben an Gott steht und fällt, das tragfähige Fundament zu sein, von dem aus nach Antworten auch für die heute den Menschen bedrängenden Fragen gesucht werden muß. Das Alte Testament hält zwar für die komplex strukturierte und technisierte Gegenwart keine fertigen Rezepte zur Gestaltung einer menschlicheren Welt bereit. Es wirkt aber als kritisches Element. Es macht klar, in welcher Richtung das jeweils Menschlichere für eine Gesellschaft zu finden ist.

In Zeiten besonderer Herausforderungen orientieren sich Nachdenkliche neu. Viele tun es heute, indem sie auf die Qualitäten des Menschen setzen: seine Phantasie, seinen Gestaltungswillen, seine Vernunft, seine Fähigkeit, im Gespräch zu lernen. Die Bibel denkt nicht gering vom Menschen. Aber sie sieht ihn sehr realistisch. Sie hegt Mißtrauen gegen alle Versuche der Lebenserhaltung, die sich allein vom Menschen her inspirieren. Leben und Zukunft sieht sie dann gewährleistet, wenn der Mensch sich von Gott den Weg weisen läßt. Diesen Zusammenhang artikuliert sie immer wieder: Gott verdrängt nicht den Menschen und seine Werte, sondern befreit ihn zu seiner wahren Menschlichkeit. Der Prophet ermutigt ein in der Krise zweifelndes, abgekämpftes Israel mit den Worten Gottes:

»Wendet euch mir zu und laßt euch retten,
ihr Menschen aus den fernsten Ländern der Erde.
Denn ich bin Gott – keiner sonst« (Jes 45, 22).

Das Buch ist in drei Teile gegliedert. Zunächst werden einige alttestamentliche Themen erörtert. Sie werden textübergreifend verfolgt, so daß ein möglichst breites Spektrum alttestamentlicher Aussagen entsteht. Der zweite Teil ist der Auslegung einiger Psalmen gewidmet, wobei das Interesse am Einzeltext im Vordergrund steht. Gerade hier wünscht sich der Verfasser, daß der Leser zur Bibel selbst greift und die Texte auf sich wirken läßt. Der dritte Teil versucht, einige Prophetentexte erzählerisch zu vergegenwärtigen.

Das Buch widme ich den jüngeren Mitarbeitern, mit denen ich in den vergangenen fünf Jahren gelebt und gelernt habe.

Frankfurt am Main, April 1981

Hans-Winfried Jüngling SJ

Themen des Alten Testaments

»Deinem Feind laß Gerechtigkeit widerfahren«

Das Alte Testament und die »Feindesliebe«

Die Gespräche, die Monika Sperr mit der Schauspielerin Therese Giehse geführt hat, kommen zu einem Punkt, an dem das Verhältnis alttestamentlicher und neutestamentlicher Weisungen über das Miteinander verfeindeter Menschen zum Thema wird:

Monika Sperr: Sie sind Jüdin. Welche Bedeutung hat der jüdische Glaube für Sie?

Therese Giehse: Ich bin kein gläubiger Mensch. Das Schönste an der Bibel ist für mich die Bergpredigt. Die fehlt aber im jüdischen Glauben. Deshalb bin ich früh aus der Glaubensgemeinde ausgetreten.

Monika Sperr: Die Bergpredigt ist der Teil der Bibel, in dem Jesus der alttestamentlichen Brutalforderung »Auge um Auge, Zahn um Zahn« sein »Liebet eure Feinde« entgegensetzt.

Therese Giehse: Ja, es ist ein sehr friedlicher Teil und ein überaus poetischer Text.[1]

Ich habe den Eindruck gewonnen, daß bei dieser Wendung des Gesprächs sich etwas Ausdruck verschafft, was das Verständnis des Alten Testaments bei vielen Christen bestimmt. Aus der Bergpredigt vernimmt der Christ: »Ihr habt gehört, daß gesagt worden ist: Auge für Auge und Zahn für Zahn. Ich aber sage euch: Leistet dem, der euch etwas Böses tut, keinen Widerstand« (Mt 5,38f). Wegen dieser Entgegensetzung konnte sich bei Christen häufig die Meinung verfestigen, es gipfele das, was das Alte Testament über das Zusammenleben der Menschen zu sagen hat, in jener »Brutalforderung« der Vergeltung. Mit diesem Vorurteil ist dann aber auch schon das Urteil über das Alte Testament bei vielen Christen gefällt. Es bleibt eigentlich nur das Verwundern darüber, daß die Kirche sich für dieses Buch so einsetzt, daß es als Teil der Heiligen Schrift noch immer mitgeschleppt wird. – Für diese Haltung der Kirche gegenüber dem Alten Testament gibt es viele Gründe; das Alte Testament ist die heilige Schrift Jesu und der ersten Christusgläubigen, um nur einen, wenn auch sehr gewichtigen Grund zu nennen.

Der zu so fragwürdiger Berühmtheit gelangte Grundsatz »Auge um Auge, Zahn um Zahn« begegnet in leicht abgewandelter Form dreimal im Alten Testament: Ex 21,23–25; Lev 24,17–20; Dtn 19,21. Obwohl in der Forschung noch immer keine rechte Einmütigkeit darüber besteht, wie dieser Grundsatz in die rechtlichen Institutionen Israels einzuordnen ist, ist man sich über den Sinn dieses Satzes im klaren: Diese auf den ersten Blick so schockierende Formulierung hat einmal einen Rechtsfortschritt bedeutet; sie möchte der Ausuferung der Rache wehren. Sie hat den einschränkenden Sinn: nur *ein* Auge für *ein* funktionsuntüchtig gemachtes Auge. Aber abgesehen von diesem einschränkenden Sinn des Satzes muß gefragt werden, inwieweit er in Israel überhaupt Gültigkeit besessen hat. Das dreimalige Vorkommen der Formel im Alten Testament zeigt ganz verschiedene Zusammenhänge. Es ist schon deshalb problematisch, die Formel als die ethische Spitzenaussage des Alten Testaments verstehen zu wollen.

Ich möchte hier nicht in eine genaue Untersuchung dieses Vergeltungsgrundsatzes eintreten. Ich will vielmehr den auf diesen Satz fixierten Blick auf andere Aussagen des Alten Testaments lenken, die deutlich machen, daß dieses alte Buch für die Konflikte, die zwischen Menschen entstehen können und immer wieder entstehen – hier ist in der Tat das Alte Testament von einem unerbittlichen Realismus: immer neu erzählt es von dem Aneinandergeraten der Menschen –, andere Lösungsvorschläge als dieses »Auge für Auge, Zahn für Zahn« bereithält. Ich möchte Texte vorführen, in denen von der Versöhnung zwischen verfeindeten Menschen gesprochen wird. Sie könnten geeignet sein, die Vorurteile des Christen gegenüber dem Alten Testament abzubauen. Ich beginne die Durchsicht bei weisheitlichen Texten (1), werde dann kurz auf einige gesetzliche Texte zu sprechen kommen (2), um abschließend an einem Erzähltext zu verdeutlichen, wie menschliches Leben durch Versöhnung verfeindeter Menschen ermöglicht wird (3).

1. Das Thema »Versöhnung« in weisheitlichen Texten

»Deinem Widersacher tu nichs Böses,
Wer dir Böses tut, vergilt ihm mit Gutem.
Deinem Feind laß Gerechtigkeit widerfahren.
Sei freundlich zu deinem Gegner.
Wenn der, der dir übel will ..., fördere ihn.
Richte dein Herz nicht auf Böses.«[2]

Dieser Text ist nicht vom Neuen Testament her inspiriert. Er findet sich in einer Sammlung von weisheitlichen Mahnsprüchen aus dem babylonischen Kulturkreis. In mindestens drei Kopien wurde dieser Text in der Bibliothek des Assyrerkönigs Assurbanipal (668–627 v. Chr.) gefunden, eine Kopie stammt aus Assur. Er mag in der Zeit von 1500 bis 1200 v. Chr. entstanden sein. Sein Autor scheint mündlich umgehende Traditionen wie auch schon schriftlich Fixiertes aufgenommen zu haben.
Die Weisheit, ein internationales Phänomen im Alten Orient, zeichnet sich vor allem dadurch aus, daß sie nicht *abstrakte* Wahrheiten über die Welt und Gott zu ihrem Hauptanliegen macht, sondern ganz an praktischen Hinweisen für die rechte Lebensweise des Menschen interessiert ist. In der Weisheit des Alten Orients – und die Weisheit des Alten Testaments macht da keine Ausnahme – ist Erfahrungswissen gesammelt, das als Anleitung zur rechten Lebensführung des Menschen ausgewertet wird.
Zu unserem Thema finden sich in der alttestamentlichen Weisheitsliteratur einige beachtenswerte Aussagen:

»Sag nicht: wie er mir getan hat, so will ich ihm tun;
ich will dem Menschen vergelten nach seinem Tun«
(Spr 24,29).

Diese Sentenz ist ihrem Sinn nach nicht ganz eindeutig. Man könnte den letzten Teil so verstehen, daß Gott die Vergeltung überlassen bleibt; in dem »ich« wäre das Ich Gottes zu sehen: Er will dem Menschen nach dessen Werk vergelten. In der Tat findet sich dieser Gedanke in Spr 20,22 ausgedrückt:

»Sag nicht: Ich will das Böse vergelten; vertraue auf den Herrn, er wird dir helfen« (Spr 20,22).

Doch scheint in Spr 24,29 die Wendung »Ich will dem Menschen vergelten nach seinem Tun« eine Alternativformulierung zu der ersten Hälfte des Verses »wie er mir getan hat, so will ich ihm tun« zu sein. Denn die abrupte Einführung des Ichs Gottes wäre ungewöhnlich. So ist es nicht wahrscheinlich, daß die Sentenz überhaupt eine theologische Voraussetzung enthält. Der Sinn von Spr 24,29 ist demnach: Auch wenn ein Mensch Unrecht erlitten hat und sich menschlich tief verletzt fühlt, sollte er sich nicht von Rachegelüsten in seinen Reaktionen leiten lassen. Er soll sich nicht in leidenschaftlichem Haß aufreiben und in einen unbeendbaren Streit hineintreiben lassen, wobei er vielleicht einen Prozeß gewinnen, aber seine Menschlichkeit verlieren würde. Er soll nicht die Möglichkeiten der Versöhnung verschütten. Die Ordnung der Gemeinschaft, deren Glied er ist, wird durch Versöhnungsbereitschaft eher gefördert als durch Haß und Rache.
Ganz Ähnliches sagt die Sentenz Spr 25,21f:

»Hat dein Feind Hunger, gib ihm zu essen,
hat er Durst, gib ihm zu trinken;
so bringst du glühende Kohlen auf sein Haupt
(und der Herr wird es dir vergelten).«

Auch hier könnte man daran denken, daß die religiöse Motivation »und der Herr wird es dir vergelten« ein Zusatz ist. Die Sentenz bringt zum Ausdruck: Freundlichkeit, Großmut und Hilfsbereitschaft gegenüber dem Feind, der hungrig und

durstig ist, ist ein Verhalten, das den Feind beschämt und zur Umkehr bringt. Güte und tatkräftige Hilfe einem Feind gegenüber erwecken Reue, weil sie unverdient sind. Wenn der Feind in seiner Erwartung, Haß mit Haß erwidert zu sehen, getäuscht wird und ihm statt dessen Großzügigkeit entgegengebracht wird, die übersieht und vergißt, wird er vor dieser Großzügigkeit kapitulieren.
Speise und Trank beenden nicht nur Hunger und Durst, sondern setzen auch der Feindschaft ein Ende. Die Pein der Reue, ausgedrückt durch das Bild der glühenden Kohlen, reinigt und schafft neu. Der Weg zu einer neuen Brüderlichkeit wird frei. Auf diese Weise wird er gestraft und zugleich als Bruder wieder angenommen. Das dürfte mit der Wendung »glühende Kohlen auf jemandes Haupt bringen« gemeint sein. Der Ausdruck spielt auf ein ägyptisches Bußritual an, nach dem ein Schuldiggewordener zum Zeichen seiner Sinnesänderung ein Becken mit glühenden Kohlen auf dem Kopf trug.[3] Mit diesem Bild ist die Reue des Feindes gemeint, der von der Großzügigkeit seines Gegners überwältigt worden ist. Diese Sentenz hat Paulus in seine Paränese übernommen (Röm 12,20).
Es ist außerdem bemerkenswert, wie nüchtern hier geredet wird. Nicht große, hohe Gedanken sind gefordert. Der Spruch hebt – im Gegensatz zu dem vorher betrachteten – gar nicht auf die Gesinnung ab. Es ist schlichte, aber wirksame Hilfeleistung verlangt. Und weiterhin: Der letzte Teil des Spruches ist vielleicht ein Zusatz. Aber er bringt Wichtiges zu Wort: Die Hilfeleistung spielt sich in der Präsenz Gottes ab. Die große Rede, in der Ijob den äußersten Versuch unternimmt, Gott zu einer seine Ängste und Leiden erklärenden Begegnung und Antwort herauszufordern, ist nach einem Katalog von Geboten und Weisungen gestaltet; er geht seinerseits wohl auf Vorbilder zurück, die als Zehner- oder Zwölferreihen auch sonst bekannt sind und von denen man annimmt, daß sie ihren »Sitz im Leben« im Kult hatten.[4] Die Ijobrede stellt einen großen Reinigungseid dar. In der Form der Selbstverwünschung versichert Ijob, seinem Feind gegenüber weder Schadenfreude empfunden noch ihm Böses gewünscht zu haben.

»Wenn ich am Unglück meines Feindes mich freute
und triumphierte, daß Unheil ihn traf,
habe ich doch meinem Mund zu sündigen verboten,
sein Leben mit Fluch zu verwünschen« (Ijob 31,29f).[5]

Hier ist wieder ganz das Gesinnungsmäßige betont. In die gleiche Richtung deuten Sentenzen, die die Versöhnlichkeit als hervorragende Eigenschaft des Menschen empfehlen:

»Wer Fehler zudeckt, sucht Freundschaft;
wer eine Sache weiterträgt, trennt Freunde«
(Spr 17,9).

»Weisheit macht den Menschen langmütig,
sein Ruhm ist, über Verfehlungen hinwegzugehen«
(Spr 19,11).

In der späten, legendenhaften Erzählung Tobit (um 200 v. Chr.) finden sich ebenfalls Weisheitssprüche, unter denen eine erste Form der »goldenen Regel« vorkommt:

»Was dir selbst verhaßt ist, das mute auch einem anderen nicht zu« (Tob 4,15 vgl. Mt 7,12; Lk 6,31).

Schließlich ist das Buch Jesus Sirach zu nennen. Es wurde um 190 v. Chr. hebräisch verfaßt und in den Jahren nach 136 v. Chr. vom Enkel des Jesus Sirach ins Griechische übersetzt. Das Buch faßt die weisheitlichen Lehren zum Thema »Versöhnung« grandios zusammen:

»Groll und Zorn, auch diese sind abscheulich,
nur der Sünder hält daran fest.
Wer Rache übt, an dem rächt sich der Herr
und behält dessen Sünden im Gedächtnis.
Vergib deinem Nächsten das Unrecht,
dann werden dir, wenn du betest, auch deine Sünden vergeben.
Der Mensch verharrt im Zorn gegen den andern,
vom Herrn aber sucht er Heilung zu erlangen?
Mit seinesgleichen hat er kein Erbarmen,
aber wegen seiner eigenen Sünden bittet er um Gnade?
Obwohl er nur ein Mensch ist, verharrt er im Groll,
wer wird da seine Sünden vergeben?

Denk an das Ende, laß ab von der Feindschaft.
Denk an Untergang und Tod, und bleib den Geboten treu!
Denk an die Gebote und grolle dem Nächsten nicht,
Denk an den Bund des Höchsten, und verzeih die Schuld!«
(Sir 27,30; 28,1–7).

Auf eindringliche Weise wird die Vergebung der Sünden durch Gott davon abhängig gemacht, daß der Mensch seinem Bruder vergibt und sich mit ihm versöhnt; ein Gedanke, der in den Worten Jesu eine zentrale Rolle spielen wird: »Erlaß uns unsere Schulden, wie auch wir sie unseren Schuldnern erlassen« haben (Mt 6,12) – so lautet die fünfte Bitte des Herrengebetes, die noch eine eigene Fortsetzung erhält: »Denn wenn ihr den Menschen ihre Verfehlungen vergebt, dann wird euer himmlischer Vater euch auch vergeben. Wenn ihr aber den Menschen nicht vergebt, dann wird euer Vater eure Verfehlungen auch nicht vergeben« (Mt 6,14–15; vgl. ferner Mt 18,21–22. 23–35).
Jesus Sirach beruft sich auf die Gebote, das Gesetz: »Denk an die Gebote und grolle dem Nächsten nicht« (28,7). Wir wollen diesen Hinweis aufnehmen und zusehen, was das Gesetz zum Thema »Versöhnung« zu sagen hat.

2. Das Thema »Versöhnung« in gesetzlichen Texten

Bei der Nachfrage nach dem, was das Gesetz zur Versöhnung unter Menschen zu sagen hat, verdienen alle diejenigen Bestimmungen ein Hauptinteresse, die *soziale Anliegen* verfolgen. Das AT hat eine imponierende soziale Gesetzgebung, die schon immer aufgefallen ist.
Die hohe Sensibilität für soziale Sachverhalte in den alttestamentlichen Gesetzessammlungen zeigt, daß *eine von vielen, aber eine sehr gewichtige* Quelle menschlicher Konflikte in den ungleichen ökonomischen Verhältnissen der Menschen liegt. Der Abbau dieser Ungleichheit ist das Anliegen der sozialen Gesetzgebung. Es muß als ein Beitrag zur Versöhnung des Menschen mit dem Menschen aufgefaßt werden. Diese Gesetzgebung will verhindern, daß durch Ungleichheit

unter den Menschen überhaupt erst Neid, Haß und Entzweiung aufkommt.
Doch es ist gleich hinzuzufügen, daß diese imponierende Sozialgesetzgebung des AT nicht rein humanitär mißverstanden werden darf. Es ist heute Mode geworden, gerade diesen sozialen Impetus, der sich nicht nur in den Gesetzestexten niedergeschlagen hat, sondern von dem maßgeblich auch die Propheten Amos, Micha, Jesaja in ihrer Botschaft geprägt sind, so aufzufassen, als ginge es diesen Texten nur um den Menschen als Menschen. Dazu ist zu sagen: In den alttestamentlichen Ordnungen geht es um Gott als den Garanten jeglichen Menschentums. Der Einsatz dieser Ordnungen für den Menschen erhält seine Autorität von daher, daß Gott es so will.
Sehen wir an einigen Beispielen zu, wie das alttestamentliche Gesetz im Dienste der Versöhnung unter den Menschen steht. Es hat einiges ausdrücklich zum Thema zu sagen. So lesen wir im Bundesbuch Exodus 23,4f:

»Wenn du dem verirrten Rind oder dem Esel deines *Feindes* begegnest, sollst du ihm das Tier zurückbringen. Wenn du siehst, wie der Esel deines *Gegners* unter der Last zusammenbricht, dann laß ihn nicht im Stich, sondern leiste ihm Hilfe!«

Ein ähnliches Gesetz finden wir im Deuteronomium:

»Du sollst nicht untätig zusehen, wie ein Stier oder ein Lamm deines *Bruders* sich verläuft. Du sollst dich dann nicht verstecken, sondern sie deinem Bruder zurückbringen ... Du sollst nicht untätig zusehen, wie ein Esel oder ein Ochse deines *Bruders* auf dem Weg zusammenbricht. Du sollst dich dann nicht verstecken, sondern ihm helfen, sie wieder aufzurichten« (Dtn 22,1.4).

Der Wechsel vom Feind zum Bruder ist auffällig. Wie ist er zu verstehen? Ist das deuteronomische Gesetz eine Einschränkung in dem Sinn, daß nur dem Bruder zu helfen ist? Ist hier eine Bestimmung des alten Bundesbuches mit seiner schweren Forderung, auch dem Feind und Gegner zu helfen, durch eine leichtere abgelöst worden, nach der man nur zu Nachbarschaftshilfe verpflichtet ist? Oder ist derjenige, den das

Bundesbuch »Feind, Gegner« nennt, für das deuteronomische Gesetz ein »Bruder«? Auf jeden Fall ist in dem Gesetz des Bundesbuches derselbe Gedanke wirksam, wie in der weisheitlichen Sentenz Spr 25,21 f: Durch konkrete Hilfe soll Haß und Vergeltungsdenken überwunden werden.
Neben diesen Text aus dem Buch Exodus sei noch eine Reihe aus dem Heiligkeitsgesetz (Lev 17–26) gestellt, die aus zwölf Verboten besteht; sie sind durch (spätere) Ergänzungen ins Positive gewendet worden:

»Ihr sollt nicht stehlen,
und ihr sollt nicht täuschen,
und ihr sollt nicht betrügen einer den anderen,
und ihr sollt nicht falsch bei meinem Namen schwören;
du würdetst sonst den Namen deines Gottes entweihen.
Ich bin Jahwe.
Du sollst deinen Nächsten nicht erpressen,
und du sollst nicht rauben.
Nicht soll der Lohn des Tagelöhners über Nacht bis zum Morgen bei dir bleiben.
Du sollst einen Tauben nicht verfluchen,
und einem Blinden sollst du kein Hindernis in den Weg stellen;
und du sollst dich vor deinem Gott fürchten.
Ich bin Jahwe.
Ihr sollt in der Rechtsprechung kein Unrecht tun.
Du sollst den Geringen nicht begünstigen,
und du sollst den Großen nicht vorziehen.
Gerecht sollst du deinen Stammesgenossen richten.
Du sollst deinen Stammesgenossen nicht verleumden;
du sollst nicht nach dem Leben deines Nächsten stehen.
Ich bin Jahwe.
Du sollst deinen Bruder nicht hassen in deinem Herzen.
Weise deinen Stammesgenossen zurecht,
dann wirst du auf ihn nicht Sünde laden.
Du sollst nicht rachsüchtig und nachtragend sein gegen deinen Volksgenossen,
und du sollst deinen Nächsten lieben wie dich selbst.
Ich bin Jahwe« (Lev 19,11–18).

Am Schluß des Kapitels wird die Nächstenliebe auch auf den Nichtisraeliten, den Ortsfremden, bezogen:
»Wenn sich ein Fremder in eurem Land aufhält, sollt ihr ihn nicht unterdrücken. Er soll bei euch wie ein Einheimischer sein; und du sollst ihn lieben wie dich selbst; denn ihr seid selbst Fremde in Ägypten gewesen. Ich bin der Herr, euer Gott« (Lev 19,33–34).

Das ist eine Forderung, die im NT zusammen mit dem Gebot der Gottesliebe (Dtn 6,4) von grundlegender Bedeutung wird (Mt 22,34 ff; Mk 12,28–34; Lk 10,25–28). Das AT setzt hier Maßstäbe.
Das AT spricht also nicht nur von Vergeltung sondern auch von Versöhnungsbereitschaft und Vergebungsbereitschaft. Wie Versöhnung konkret zu geschehen hat, soll nun an einem Erzählungstext verdeutlicht werden.

3. Das Thema »Versöhnung« in der Josefserzählung (Gen 37.39–50)[6]

Wir erinnern uns an Josef, der, von seinem Vater bevorzugt, durch sein arrogantes Auftreten die Eifersucht (Gen 37,11) und den Haß seiner Brüder erregt (37,4.5). Der Konflikt zwischen Josef und den Brüdern, die kein gutes Wort mehr mit ihm zu reden imstande sind, spitzt sich so zu, daß sie daran denken, bei nächster Gelegenheit Josef zu töten (37,18–20). Doch schließlich verkaufen sie ihn an eine nach Ägypten ziehende Karawane (V. 28). Der Schmerz des Vaters über den Verlust des Lieblingssohnes, dessen Tod die Brüder in ihrem Bericht glaubhaft zu machen versuchen, ist grenzenlos (37,31–35).
Der Konflikt ist in voller Gewalt ausgebrochen. Auch familiäre Bande, die das gesellschaftliche Grundgerüst einer patriarchalisch strukturierten Gemeinschaft sind, haben Haß und Zwietracht nicht überwinden können.
Josef wird in Ägypten geprüft. Er muß seine Loyalität gegenüber seinem neuen Herrn mit Haft im Gefängnis bezahlen (Gen 39). Doch kann er sich durch Tüchtigkeit – besser: weil

Gott ihm alles gelingen läßt (Gen 39,23; vgl. Gen 39, 3) – die Achtung und das Vertrauen der Gefängnisbeamten erwerben. Er erweist den Mitgefangenen, hohen Würdenträgern des Pharao, seine Dienste. Aber der begnadigte Mundschenk vergißt den Hebräer (Gen 40,14.23). Erst die alarmierenden Träume des Pharao bringen Josef als weisen Traumdeuter dem Mundschenk wieder in Erinnerung. Josef gewinnt durch seine vorausschauenden Ratschläge eine hohe Stellung im ägyptischen Reich. In der Schlüsselstellung des Reichsverwalters ist er zuständig für die Rationierung der Lebensmittel. Ganz Ägypten hat sich in der Hungersnot an Josef zu wenden (Gen 41).

Inzwischen herrscht im Lande Kanaan ebenfalls eine große Lebensmittelknappheit. Jakob schickt seine Söhne mit Ausnahme Benjamins nach Ägypten, um dort Getreide zu kaufen. Wie alle anderen müssen sie vor Josef erscheinen. Er erkennt sie. Nun beginnt jene Reihe von Prüfungen (Gen 42,16), durch die Josef erfahren will, inwieweit ihre Gesinnung noch die ist, in der sie ihn nach Ägypten verkauft haben. Zunächst will Josef sie bis auf einen alle einsperren; dieser eine soll den jüngsten Bruder holen zum Beweis für die Richtigkeit ihrer Behauptungen (42,15–17). Doch dann entschließt er sich, nur einen von ihnen in Ägypten zurückzubehalten. Die anderen dürfen aber nur mit Benjamin wieder vor ihm erscheinen (42,18–20).

In diesem kritischen Augenblick wird den Brüdern bewußt, was sie seinerzeit Josef getan haben. Daß Josef sie versteht, wenn sie untereinander sprechen, ahnen sie nicht:

»Sie sagten zueinander: Ach ja, wir sind an unserem Bruder schuldig geworden. Wir haben zugesehen, wie er sich um sein Leben ängstigte. Als er um Erbarmen flehte, haben wir nicht auf ihn gehört. Darum ist nun diese Bedrängnis über uns gekommen. Ruben entgegnete ihnen: Habe ich euch nicht gesagt: Versündigt euch nicht an dem Kind. Ihr aber habt nicht gehört. Nun wird für sein Blut von uns Rechenschaft gefordert« (Gen 42,21–22).

In dem Augenblick, in dem sie sehen müssen, wie ein Bruder zurückbehalten wird, wird die Erinnerung an Josef, die schon in ihrer Auskunft über ihre häuslichen Verhältnisse geweckt worden war, erneut lebendig:

»Wir, deine Knechte, waren zwölf Brüder, Söhne ein und desselben Mannes in Kanaan. Der Jüngste ist bei unserem Vater geblieben – und einer ist nicht mehr« (Gen 42, 13).

Josefs Reaktion: er weint. Dennoch läßt er sich von seiner Prüfung nicht abbringen. Er läßt Simeon abführen. Die anderen können mit geschenktem Getreide davonziehen (42, 24 ff). Schon bei dieser ersten Probe der Solidarität der Brüder ist deutlich geworden: Sie sind andere geworden.
Nur mit größten Schwierigkeiten läßt Jakob seine Söhne zum zweiten Male nach Ägypten ziehen. Der Hunger ist zu groß. Für die Sicherheit Benjamins verbürgt sich in eindringlicher Weise Juda (43, 3.8 f) oder Ruben (42, 37). So kommt es zur zweiten Begegnung Josefs mit seinen Brüdern. Josef sieht seinen Vollbruder Benjamin, erkennt ihn sofort und ist bewegt. Er weint zum zweiten Male (43, 28–30).
Die zweite Probe der Brüder gestaltet sich dramatisch. Der Becher Josefs wird in Benjamins Getreidesack versteckt. Sie werden entdeckt. Der des Becherdiebstahls Schuldige hat in Ägypten zu bleiben (44, 10). Unter der Last des Beweises bekennen sie ihre Schuld und bieten sich als Sklaven an (44, 16):

»Juda erwiderte: Was sollen wir unserem Herrn sagen, was sollen wir vorbringen, womit uns rechtfertigen? Gott hat die Schuld deiner Knechte ans Licht gebracht. So sind wir also Sklaven unseres Herrn, wir und der, bei dem sich der Becher gefunden hat.«

Doch Josef will sich auf diese Lösung nicht einlassen, er will nur den Schuldigen. Da ergreift Juda erneut das Wort und in einer erschütternden Rede, bei der die bisherige Erzählung rekapituliert wird, und die Ausweglosigkeit, noch einmal ins Licht tritt, bietet er sich als Ersatz für Benjamin an:

»Darum soll jetzt dein Knecht an Stelle des Knaben dableiben als Sklave für meinen Herrn; der Knabe aber soll mit seinen Brüdern ziehen dürfen. Denn wie könnte ich zu meinem Vater hinaufziehen, ohne daß der Knabe bei mir wäre? Ich könnte das Unglück nicht mitansehen, das dann meinen Vater träfe« (44,33f).

An diesem Punkt – die Krise ist auf den höchstmöglichen Punkt gestiegen – tritt endlich die Lösung ein:

»Josef vermochte sich vor all den Leuten, die um ihn standen, nicht mehr zu halten und rief: Schafft alle hinaus! So stand niemand bei Josef, als er sich seinen Brüdern zu erkennen gab. Er begann so laut zu weinen, daß es die Ägypter hörten ... Josef sagte: Ich bin Josef. Ist mein Vater noch am Leben?« (Gen 45,1–3).

Den fassungslosen Brüdern muß er es wiederholen:

»Ich bin Josef, euer Bruder, den ihr nach Ägypten verkauft habt. Jetzt aber laßt es euch nicht mehr leid sein und grämt euch nicht, weil ihr mich hierher verkauft habt! ... *Gott* hat mich vor euch hergeschickt, um von euch im Land einen Rest zu erhalten, damit viele von euch eine große Rettungstat erleben. *Also nicht ihr habt mich hierher geschickt, sondern Gott«* (Gen 45,4–8).

Die Spannung ist aufgelöst durch das Wort Josefs.

»Josef fiel seinem Bruder Benjamin um den Hals und weinte; auch Benjamin weinte an seinem Hals. Josef küßte weinend seine Brüder. Darauf unterhielten sich seine Brüder mit ihm« (Gen 45,14f).

Verfolgt man bis hierher die Josefsgeschichte, so drängt sich einem die Frage auf, wer dieser Josef ist. Sein Charakter schillert zwischen Grausamkeit, in der er mit seinen Brüdern »Katz und Maus« spielt, und herzlichem Mitleid. »Gerade durch seine Güte quält er sie am meisten, weil sie ihnen Furcht einjagt. ... Ungestraft läßt er die Brüder nicht davonkommen und verzichtet doch auf Rache. Die Geschichte ist so erzählt, daß der Leser diesen Racheverzicht geradezu herbeisehnt, so sehr er am Anfang Grund hatte, sich über das Verhalten der Brüder zu entrüsten und für Josef Partei zu ergreifen.«[7]
Wenn Josef seine Brüder prüft (42,16), so geht es nicht dar-

um, zu sehen, ob sie Verräter und Kundschafter sind; daß sie es nicht sind, weiß Josef längst. Josef prüft sie, weil er wissen will, ob sie noch die alten oder nicht doch in ihrem Innern andere geworden sind. In beiden Prüfungen mit Simeon und mit Benjamin geht es um die gleiche Sache: Josef isoliert einen Bruder von den anderen und will sehen, ob sie ihn wieder, wie sie es mit ihm damals getan haben, preisgeben. Zweimal konstruiert er mit unheimlichem Geschick eine Lage, in der den Brüdern die Möglichkeit offensteht, einen der ihren aufzugeben. Besonders der zweite Prüfungsgang mit Benjamin ist sehr hart.
Wenn man fragt, woher sich Josef das Recht nahm, mit seinen Brüdern so umzuspringen, wird man auf das große Wort in der Erkennungsszene gewiesen: Er wußte etwas, was allen verborgen war. Er allein war in der Lage, das ganze verworrene Geschehen in einem Licht zu sehen, in dem es keiner sonst zu sehen vermochte. »Gott hat mich vor euch hergeschickt.« Es ist Gott, der alle menschliche schuldhafte Verwirrung zu einem guten, gnädigen Ende führt. Josef weist mit Nachdruck auf die Führung Gottes hin, die all diese dunklen Dinge zu einem guten Ende, zu einem großen Entrinnen gebracht hat.
Die Versöhnung Josefs mit den Brüdern scheint vollkommen, doch noch fehlt ein letzter Akt. Könnte es nicht sein, daß Josef den Brüdern nur des Vaters wegen vergeben hat? Die letzte Szene des Buches Genesis klärt diese Frage:

»Als Josefs Brüder sahen, daß ihr Vater tot war, sagten sie: Wenn sich Josef nur nicht feindselig gegen uns stellt und uns alles Böse vergilt, das wir ihm getan haben! Deshalb ließen sie Josef wissen: Dein Vater hat uns, bevor er starb, aufgetragen: So sagt zu Josef: Vergib doch deinen Brüdern ihre Untat und Sünde. Denn Schlimmes haben sie dir angetan! Nun also vergib doch die Untat der Knechte des Gottes deines Vaters! Als man ihm die Worte überbrachte, mußte Josef weinen. Seine Brüder gingen dann auch selbst hin, fielen vor ihm nieder und sagten: Hier sind wir als deine Sklaven! Josef aber antwortete ihnen: Fürchtet euch nicht! Stehe ich denn an Gottes Stelle? Ihr habt Böses gegen mich im Sinn gehabt, Gott aber hatte dabei Gutes im Sinn, um zu erreichen, was heute geschieht: viel Volk am Leben zu erhalten. Nun also fürchtet euch nicht! Ich will für euch und eure Kinder sorgen. So tröstete er sie und redete ihnen freundlich zu« (Gen 50,15–21).

Zweimal fordert Josef seine Brüder auf, sich nicht zu fürchten. Zwischen den beiden Aufforderungen stehen die entscheidenden Sätze: »Stehe ich denn an Gottes Stelle? Ihr gedachtet, mir Böses zu tun, aber Gott gedachte, es zum Guten zu wenden« (V. 19–20).

Diese beiden Sätze bestimmen das Verhältnis Josefs und seiner Brüder zu Gott. »Bei dem ersten Satz muß man sich hüten, die verwunderte Frage im Sinn einer sehr allgemeinen frommen Wahrheit mißzuverstehen, also einer demütigen Nichtzuständigkeitserklärung, als habe nicht er in dieser Sache zu richten, sondern Gott. Das wäre freilich für die Brüder ein schlechter Trost, wenn Josef die ganze schwere Sache nur auf eine höhere Instanz abschieben wollte! Josefs Meinung ist vielmehr die: Hier, in der wunderbaren Führung des Ganzen, hat ja Gott schon selbst gesprochen; er hat auch das Böse in sein Heilshandeln einbezogen und damit schon eine Rechtfertigung ausgesprochen. Würde Josef jetzt seine Brüder verurteilen, so würde er einen eigenmächtigen Spruch neben den stellen, den Gott in den Ereignissen bereits ausgesprochen hat.«[8] Der zweite Satz verweist auf das Wort, das Josef in der Erkennungsszene gesagt hat, nur ist hier noch schärfer das Geheimnis des Ineinander von göttlicher Führung und menschlichem Handeln betont. Es wird behauptet, aber nicht erklärt. Ähnlich formuliert die Weisheit Israels:

»Des Menschen Herz denkt sich seinen Weg aus, aber der Herr lenkt seinen Schritt« (Spr 16,9) »Die Schritte des Mannes lenkt der Herr. Wie könnte der Mensch seinen Weg verstehen?« (Spr 20,24).

Ein letztes ist bemerkenswert. Es ist auffällig, wie wenig Josef auf der Schuld der Brüder insistiert. Er ist gelassen. Es fehlt jedes moralische Pathos; nirgends eine Leidenschaft, die Schuld genauer zu bestimmen, oder Eifer, sie aufzudecken. Die Brüder berufen sich bei der Bitte um Vergebung auf den

gemeinsamen Glauben; dadurch wird klar: »Vergebung unter Menschen ist keine rein innermenschliche Regelung, sie reicht in jedem Fall tief in das Verhältnis der Menschen zu Gott. Josefs Antwort auf die Bitte der Brüder ist der Satz, daß er jetzt unter keinen Umständen anstelle Gottes einen anderen Spruch fällen könne. Gott hat dieses ganze zwielichtige Gelände menschlicher Leidenschaften in sein Heilswalten einbezogen, ja er hat die Brüder selbst zu Empfängern seiner ›Errettung‹, als Teilhaber des ›großen Entrinnens‹ werden lassen. Darin ist auch seine Vergebung enthalten.«[9]
Ich möchte mit dem Hinweis schließen, daß sich der Bogen des ersten Buches der Heiligen Schrift vom Mord an dem Bruder bis zur Versöhnung mit den Brüdern spannt. An Kain und Abel, Söhnen einer Mutter, Repräsentanten verschiedener Berufe und damit verschiedener Gesellschaftsordnungen, des Ackerbauern und des Kleinviehhirten, wird das Universalproblem menschlichen Miteinanders verdeutlicht. Wer sich benachteiligt fühlt, wird zum Erzfeind und Brudermörder. Es ist wohl wahr, daß das AT häufiger von Zerwürfnissen, Konflikten spricht, als wir es wahrhaben möchten. Aber durch diesen Realismus wird vielleicht eher als durch abgeklärte, ideale, bisweilen wirklichkeitsfremde Überlegungen und Erörterungen bewußt, welche Anforderung an den Menschen Versöhnung und Vergebung bedeuten – damals in alttestamentlicher Zeit und heute. Immer sind wir wie Israel dem allgegenwärtigen »Kain« in uns, dem aufkommenden Haß, dem Bedürfnis zur Anklage, zur Rache oder zum Nachtragen gegenüber aufgerufen, darzutun, daß der Mensch ein zur Bruderschaft berufenes Wesen ist.[10]

Schulderfahrung im Alten Testament

Zu Beginn seien zwei Feststellungen getroffen: Die erste kann ich in meiner eigenen Erfahrung verankern. Ich frage mich bisweilen: Was soll ich eigentlich beichten? Dieselbe Frage ist mir von meiner Mutter und anderen mir nahestehenden Personen, aber auch schon oft im Beichtstuhl gestellt worden. Die Empfehlung der Kirche besteht, öfters zu beichten. Aber das deutliche Bewußtsein einer Schuld, das den Gang zum Sakrament der Versöhnung mit Gott und der Kirche notwendig machen würde, fehlt. Bei mir selbst, aber auch – so habe ich den Eindruck – bei vielen Menschen ist es schwierig geworden, Schuld zu entdecken und dementsprechend zu reagieren. Es erscheint überhaupt als problematisch, einfachhin von der Schuld eines Menschen zu sprechen. Zu aufdringlich sind die Nachrichten davon, daß ein Mensch, dem in einem Strafprozeß persönliche Verantwortung bei einem schweren Verbrechen angelastet wird, bei näherer Kenntnis seiner Lebensumstände und seiner persönlichen Geschichte von dieser Verantwortung entlastet wird. Psychiatrische Gutachten und ihre Ergebnisse gelangen in die Medien, und eine Milderung des Strafmaßes erscheint gerechtfertigt. Erkenntnisse der Psychologie und Sozialwissenschaften haben sich inzwischen so weit herumgesprochen, daß jedermann einsichtig ist, daß der Mensch keine Insel darstellt, die unabhängig und frei ist, er in vielen seiner Aktivitäten fremdbestimmt und abhängig ist, daß Verantwortung und Schuld für Fehlverhalten außerhalb des auch nur Denkbaren rückt. Es ist verhängnisvoll, sich über die Berechtigung und vor allem die Wirksamkeit dieser allgemeinen Auffassung hinwegzusetzen, sie vor allem in ihrer Wirksamkeit für religiöse Verhaltensweisen zu unterschätzen. Wir alle nehmen teil an diesen Einsichten, und sie haben den Effekt, daß wir uns alle unschuldig fühlen.

Eine zweite Feststellung: Ich erinnere mich noch sehr gut daran, wie meine Klassenkameraden und ich die Unterweisung in Religionsunterricht und Predigt während der fünfziger Jahre kritisiert haben. Predigten wurden als »Moralinspritze« abgetan. Immer und immer wieder bekamen wir zu hören: Das ist zu tun, das ist zu lassen, wenn du ein »feiner Kerl« sein willst. Dauernde Imperative und Appelle stumpfen ab. Wir wollten etwas vom »Indikativ« hören, von dem neuen Sein in Christus, das in der Taufe grundgelegt ist, dann würde sich auch der Imperativ hören lassen: Wandelt in einem neuen Leben. Die moralisierenden Predigten sind während der sechziger Jahre seltener geworden. Die Liturgiereform hat einen wichtigen neuen Akzent gesetzt, indem sie die gottesdienstliche Leseordnung nicht mehr vorwiegend auf die paränetischen Partien des Neuen Testaments abstellte. Schon dadurch, daß die darlegenden Partien der Briefliteratur ausführlicher gelesen wurden, ergab sich von selbst eine Umorientierung des Predigtstils. Das Moralisieren im Gottesdienst ist seltener geworden, und ich meine, daß es gut so ist.

Dafür tritt es aus einer ganz anderen Ecke wieder hervor. Junge Menschen erregen heute mit neuen Appellen und Imperativen Aufsehen und lösen damit nicht geringe Unsicherheit bei der älteren Generation aus. Unerwartet für die Älteren findet sich bei den Jungen eine erstaunliche Sensibilität für Moralität, die sich in besonderer Weise auf die soziale Dimension menschlichen Lebens richtet. Persönlichkeiten des öffentlichen Lebens werden schonungslos der Kritik unterzogen und auf ihre Moralität hin durchleuchtet. Die Generation der Väter und Großväter wird befragt auf ihre Moralität während des Dritten Reiches. Es wird gefragt, wie einer zu Macht kommt und Macht ausübt. Es werden Fragen erhoben, wie moralisch selbst die Kirche ist, wie sie sich gebrauchen oder nicht gebrauchen läßt für die Interessen der Mächtigen.

Das, was mir als Gymnasiast so auf die Nerven ging, das dauernde Moralisieren, und das, was ich jetzt in meinem Lebenskreise von jungen Menschen erfahre, die erstaunliche moralische Sensibilität, ist doch nur dann sinnvoll, wenn vorausgesetzt wird, daß es so etwas gibt wie persönliche Verantwortung für das Tun und Lassen des Menschen, daß es so etwas gibt wie Schuld.

Fasse ich diese beiden Feststellungen zusammen, so komme

ich zu der Folgerung: Heutiges Denken befindet sich in einem merkwürdigen Zwiespalt. Einerseits wird in stetig neuen, besonders von jungen Menschen vorgebrachten Appellen die Verantwortlichkeit menschlichen Handelns beschworen, andererseits schwindet das Bewußtsein dafür, daß der Mensch für sein Handeln verantwortlich ist, indem er sich vor allem bei Fehlverhalten entschuldigt. Daß der Mensch schuldig werden könnte, gerät aus dem Blickfeld, da es so viele Faktoren gibt, die sein Handeln begreiflich machen, und andererseits ist es deutlich, daß Menschen durch ihr Verhalten generell abqualifiziert sind.

Gerade Menschen, die kirchlich gebunden sind, treten bei ihren Appellen zur Moralität in Staat und Kirche nicht selten mit der Bibel – häufig mit dem Teil der Bibel im besonderen, den wir das Alte Testament nennen – unter dem Arm auf, um ihrem Appell nach mehr Gerechtigkeit, nach mehr Menschlichkeit, nach mehr Frieden Nachdruck zu verleihen. Sie verraten einen guten Geschmack. Denn das Alte Testament ist auch in der Frage ein Buch, das Auskunft gibt über die wahre Verfaßtheit des Menschen. Es spricht schonungslos von dem, was vor Gott und den Menschen schuldig macht. Es kann ohne die Voraussetzung überhaupt nicht verstanden werden, daß der Mensch schuldig werden kann und es immer wieder wird. Die große Prophetie Israels kann nicht wahrgenommen und in ihrer geschichtlichen Leistung recht eingeschätzt werden, wenn die Möglichkeit, daß der Mensch schuldig werden kann und wird, von vornherein in Abrede gestellt wird. Es ist gut, das Zeugnis eines solchen Mannes für sein Selbstverständnis zu hören:

»So spricht der Herr gegen die Propheten:
Sie verführen mein Volk.
Haben sie etwas zu beißen,
dann rufen sie: Friede!
Wer ihnen aber nichts in den Mund steckt,
dem sagen sie den Krieg an.
Darum kommt die Nacht über euch,
in der ihr keine Visionen mehr habt,
und die Finsternis, in der ihr nicht wahrsagen könnt.

Die Sonne geht unter für diese Propheten,
und der Tag wird schwarz über ihnen.
Die Propheten werden zuschanden,
die Wahrsager müssen sich schämen.
Sie müssen alle ihren Bart verhüllen;
denn Gottes Antwort bleibt aus.
Ich aber, ich bin voller Kraft,
ich bin erfüllt
(vom Geist des Herrn)
von Eifer für das Recht und Mut,
Jakob seine Vergehen vorzuhalten
und Israel seine Sünden« (Mich 3,5–8).

Im Gegensatz zu seinen Prophetenkollegen, die als angepaßte Leute dem Volk nach dem Munde reden, ist Micha aus dem Dörfchen Moreschet – ein etwas jüngerer Zeitgenosse des großen Jesaja, der in der Zeit um 720 v. Chr. Israel seine Sprüche entgegenschleudert – von dieser Berufung durchdrungen: Israels Sünde aufzudecken. In der Tat ist die vorexilische Schriftprophetie, die mit Amos beginnt, vor allem damit befaßt, einem religiös verkommenen und menschlich verrotteten Israel sein Fehlverhalten aufzuzeigen und deswegen im Auftrag Gottes das Gericht über das ganze Volk anzukündigen. Allerdings werden in den Anklagen eines Amos, eines Hosea, eines Jesaja, eines Micha auch bestimmte Personen und Personenkreise besonders angesprochen. Gleich das nächste Wort des Micha beweist das:

»Hört doch, ihr Häupter des Hauses Jakob
und ihr Richter aus dem Hause Israel!
Ihr verabscheut das Recht
und macht alles krumm, was gerade ist.
Ihr baut Zion mit Blut
und Jerusalem mit lauter Unrecht.
Die Häupter dieser Stadt sprechen Recht
und nehmen dafür Geschenke an,
ihre Priester lehren gegen Bezahlung.
Ihre Propheten wahrsagen für Geld;
und doch berufen sie sich auf den Herrn und sagen:
Ist nicht der Herr in unserer Mitte?

Kein Unheil kann über uns kommen.
Darum wird Zion euretwegen zum Acker, den man umpflügt,
Jerusalem wird zu einem Trümmerhaufen,
der Tempelberg zur überwucherten Höhe« (Mich 3,9–12).

Das Fehlverhalten der führenden Schichten Jerusalems – der Richter, Priester, Propheten – wird scharf attackiert. Hier wird der Grund aufgedeckt für das endgültige Gerichtswort über die Friedensstadt Jerusalem, die zur Unrechtsstadt pervertiert ist. Das Wort des Micha wird noch ein Jahrhundert später den Zeitgenossen des Jeremia in den Ohren gellen (vgl. Jer 26,18).
Das Besondere der großen vorexilischen Schriftprophetie ist aber doch, daß in den Anklagen nicht nur die Großen, sondern auch die Kleinen die Adressaten sind. Ganz Israel ist dem Gericht verfallen in seinem Gottesdienst, seinem Verständnis der eigenen Geschichte, seinem sozialen Verhalten, ja in seiner ganzen Existenz, wie es Amos bündig sagt:

»Mein Volk ist reif für das Ende. Gekommen ist das Ende Israels« (Am 8,2).

Die große Schriftprophetie hat sicher ein Vorspiel außerhalb Israels, vor allem aber ein Vorspiel innerhalb Israels. Den Gestalten aus der Mitte des 8. Jahrhunderts – Amos, Jesaja, Hosea, Micha – gehen schon seit dem 10. Jahrhundert Männer voran, die uns die erzählenden Bücher des Alten Testaments vorstellen und die in eindrucksvoller Weise prophetisch tätig werden: Natan, Gad, Elija, Elischa. Diese sogenannten vorliterarischen Propheten unterscheiden sich von den Schriftpropheten durch zwei Sachverhalte: Einerseits ist die Weise, wie wir von ihnen Kunde erhalten, indirekt, von ihnen wird erzählt. Ihre Aussprüche liegen uns nicht in einem eigenen Buch gesammelt vor, wie das bei Amos, Jesaja, Hosea und Micha der Fall ist. Andererseits richtet sich ihr Wort vorwiegend an einzelne, nicht an das Volk in seiner Gesamtheit. Natan und Elija sind an Einzelpersönlichkeiten gewiesen, denen sie ihre Kritik im Auftrag ihres Gottes auszurichten haben. Aus einigen triftigen Gründen möchte ich auf die Durchsicht

schriftprophetischer Texte verzichten: einmal weil diese Texte im allgemeinen Spruchgut enthalten, das heißt die Aussprüche der Propheten, die vor allem aus Schuld*aufweis* und Strafankündigung bestehen. Es fehlt, bis auf einige Passagen, die Reaktion der Adressaten, die etwas von Schuld*erfahrung* verdeutlichen würde, was hier am meisten interessiert. Zum andern aber bieten sie wenig Erzählung, die das geeignete Mittel der Darstellung von Wandel und Bekehrung ist.
Ich möchte aber auch aus der Betrachtung die Urgeschichte ausklammern, die für viele als der klassische Ort für Schulderfahrung im Alten Testament gilt. Mit dieser hochkomplexen Erzählung wird nicht der Mensch in seiner innerweltlichen Geschichte angezielt, sondern in ihr wird etwas ausgesagt, was den Menschen dauernd und in jedem Fall, also übergeschichtlich, qualifiziert. Dem Phänomen von persönlicher Schuld kommt man im Alten Testament dort am nächsten, wo wir Erzählungen von Menschen mit Fleisch und Blut, die in dieser unserer Welt vorkommen, verfolgen. Das Phänomen der Schuld ist dort am einsichtigsten, wo wir es mit individuell faßbaren Gestalten zu tun haben: wenn von ihnen erzählt wird, daß sie schuldig werden, dieser Schuld standhalten und sich auf den Weg der Umkehr machen, indem sie sich glaubend bei dem Gott geborgen wissen, der gnädig und barmherzig und in den Aktionen und Reaktionen von Menschen auf geheimnisvolle Weise wirkend gegenwärtig ist.

1. Das Aufdecken von Schuld und das Standhalten ihr gegenüber

Der Hinweis auf die geschichtlichen Bücher des Alten Testaments als den Anknüpfungspunkt der folgenden Überlegungen, könnte leicht die Erwartung aufkommen lassen, als sollte sich die Aufmerksamkeit auf die Erzählungen von David, Batseba und Natan oder auch auf die von Achab, Isebel und Nabot richten. Zugegebenermaßen stellen diese Kapitel (2 Sam 11–12 und 1 Kön 21), sowohl was ihre erzählerische Gestaltung als auch was ihren theologischen Gehalt betrifft,

ganz hohe Gipfel dar. Wer sich diesen Erzählungen aussetzt, wird begreifen, warum das Alte Testament Heilige Schrift ist.[1]
Aber auch hier möchte ich Verzicht üben. Beide Erzählungen – David, Batseba und Natan; Achab, Isebel, Nabot und Elija – stellen Schuld in derart rassiger Reinheit dar, das Vergehen Davids, der usurpatorische Griff des Achab und der Isebel werden in derart minuziöser Detailerzählung vergegenwärtigt, daß die Konsequenz »schuldig« schlechterdings zwingend ist.
Ich möchte angesichts unserer heutigen Problematik mit dem Phänomen Schuld deswegen eine andere biblische Erzählung vergegenwärtigen, in denen die Ursache von Schuld, das eigene böse Herz, das begehrliche Herz, das sich über alles hinwegsetzt, was der Selbstentfaltung Grenzen setzt, vielleicht nicht so deutlich ist. In ihr sind Elemente zu berücksichtigen, die auch uns heute davon überzeugen würden, von mildernden Umständen zu sprechen. Ich wähle den Erzählungskomplex aus, der von der Auseinandersetzung zwischen Saul und David spricht.
Eine kurze Vorbemerkung zur literarischen Gattung dieser Erzählungen ist angebracht. Die Auseinandersetzung zwischen Saul und David liegt uns heute in einem Zustand vor, der uns dazu veranlaßt, von einer »Geschichte« zu sprechen. Die Alttestamentler nennen sie die »Aufstiegsgeschichte Davids«. Sie hat zu ihrem Inhalt jene Ereignisse und Auseinandersetzungen, die schließlich dazu führen, daß David König über Juda und Israel, also über das Südreich und das Nordreich wird. Allerdings stellt sich die Aufstiegsgeschichte als eine Sammlung von Einzelerzählungen dar, die zwar in einen Zusammenhang gebracht worden sind, wobei aber Brüche, Wiederholungen und konkurrierende Nachrichten nicht ausgeglichen worden sind. Das bedeutet: Die Antwort auf die Frage nach dem, was sich historisch zugetragen hat, ist mit äußerster Behutsamkeit zu geben. Da der Verlauf der Ereignisse keineswegs eindeutig ist, ist die folgende Betrachtung mit mancherlei Unsicherheiten belastet.
Die Aufstiegsgeschichte des David beginnt mit der Feststellung, daß Saul glücklos ist und es zwischen ihm und Samuel

zu einem Zerwürfnis kommt (1 Sam 15). Vor allem scheint Saul gemütskrank geworden zu sein.

»Der Geist des Herrn verließ Saul, und ihn quälte ein böser Geist, der vom Herrn gesandt war. Da sagten die Diener Sauls zu ihm: Dich quält ein böser Geist, der von Gott kommt. Darum möge unser Herr seinen Knechten, die ihm dienen, befehlen, einen Mann zu suchen, der Leier spielen kann. Wenn dich dann der böse Geist Gottes überfällt, soll er auf der Leier spielen; das wird dir gut tun« (1 Sam 16, 14–16).

Saul geht auf den Vorschlag seiner Umgebung ein. Einer aus der Umgebung Sauls weiß auch einen konkreten Vorschlag zu machen:

»Ich kenne einen Sohn des Isai aus Bethlehem, der Leier spielen kann. Er ist tapfer und ein guter Krieger, versteht gut zu reden, ist von schöner Gestalt und der Herr ist mit ihm« (V. 18).

Saul läßt diesen David, der ganz die weisheitlichen Ideale eines vollkommenen Menschen erfüllt, an seinen Hof kommen.

»So kam David zu Saul und trat in seinen Dienst; Saul gewann ihn sehr lieb, und David wurde sein Waffenträger. Und Saul ließ Isai sagen: David soll in meinem Dienst bleiben, denn ich habe Gefallen an ihm gefunden. Sooft nun der Geist Gottes Saul überfiel, nahm David die Leier und spielte. Dann fühlte sich Saul erleichtert, es ging ihm besser, und der böse Geist verließ ihn« (V. 21 f).

So schildert *eine* Fassung im Rahmen der Aufstiegsgeschichte, wie David an den Hof Sauls gelangt. Es ist die Krankheit des Saul, der trübsinnig geworden ist, der in dauernden kriegerischen Auseinandersetzungen aufgerieben und von tiefer Melancholie heimgesucht wurde, die David als »Musiktherapeuten« an den Hof Sauls bringt.
Eine konkurrierende Geschichte berichtet dieses: David wurde mit Saul dadurch bekannt, daß er eine große Heldentat vollbracht hat, indem er einen bis an die Zähne bewaffneten Philister, mit Namen Goliat, erschlagen hat (1 Sam

17,1–18,5). Da in einer Listennotiz von Davids Offizieren diese Tat einem gewissen Elhanan aus Bethlehem zugeschrieben wird (vgl. 2 Sam 21,19), wird die Goliatgeschichte aber in ihrer historischen Zuverlässigkeit verdächtig.
Das Verhältnis zwischen Saul und David, das sich so gut angelassen hat, verschlechtert sich. Die genauen Ursachen für diese Verschlechterung sind jedoch sehr schwer auszumachen. Wie es scheint, hat Saul bald in David einen gefährlichen Konkurrenten erblickt, weil David tatsächlich nicht nur als Musiktherapeut am Hofe Sauls tätig war, sondern auch kriegerische Unternehmungen leitete.

»Als sie nach dem Sieg Davids über den Philister in die Stadt zurückkehrten, kamen die Frauen aus allen Städten Israels König Saul mit Handpauken und Leiern entgegen, sie sangen Freudenlieder und tanzten. Sie tanzten und sangen immer wieder:
Saul hat Tausend erschlagen
und David Zehntausend.
Saul wurde darüber sehr zornig. Das Lied gefiel ihm nicht, denn er sagte: David geben sie Zehntausend, mir aber nur Tausend. Jetzt fehlt ihm nur noch die Königswürde. Von da an war Saul gegen David voll Argwohn« (1 Sam 18, 6–8).

So wird erzählerisch der Anfang der Auseinandersetzung zwischen Saul und David geschildert. Die nächste Episode zeigt nun auf einmal den vollen Ausbruch der Feindschaft Sauls gegen David.

»Am folgenden Tag wurde Saul wieder von einem bösen Gottesgeist ergriffen und führte sich in diesem Haus wie ein Rasender auf. David aber spielte wie jeden Tag (auf der Leier). Saul hatte gerade den Speer in der Hand. Er hob den Speer und dachte: Ich will David an die Wand spießen, aber David wich ihm zweimal aus. Und Saul bekam Angst vor David; denn der Herr stand David bei, den Saul aber hatte er verlassen. Saul entfernte David aus seiner Umgebung und machte ihn zum Obersten einer Tausendschaft. So wurde David zum Anführer des Volkes. Er hatte bei allen seinen Unternehmungen Erfolg, und der Herr war mit ihm. Als Saul sah, wie erfolgreich David war, bekam er noch mehr Angst vor ihm. Ganz Israel und Juda aber liebte David, denn er war ihr Anführer« (18,10–16; vgl. 19,9–10).

Es ist zu sehen, wie die Erzählung Böses in Saul verankert. Aber auch dieses: Saul ist offensichtlich bisweilen nicht Herr seiner selbst. In Momenten der getrübten Bewußtseinslage wirft er den Speer nach David. Zudem ein anderes Element: Angst beherrscht den Saul. Die ausdrückliche »Beförderung« an die Spitze einer Tausendschaft hat ein klares Ziel. Es wird in dem Augenblick deutlich, in dem Saul dem David seine älteste Tochter zur Frau verspricht:

»Saul sagte zu David: Ich will dir meine älteste Tochter Merab zur Frau geben, wenn du tapfer bist und die Kriege des Herrn führst. Saul dachte nämlich: Er soll nicht durch meine Hand umkommen, sondern durch die Hand der Philister« (18,17).

Durch klares Kalkül sucht sich Saul des David zu entledigen. So wird einerseits deutlich: Saul handelt mit verdunkeltem Bewußtsein, aber andererseits doch aus klarer politischer und menschlicher Berechnung. Die Ursachen der Feindschaft Sauls gegen David werden auf einen sehr komplexen Sachverhalt zurückgeführt. Damit wird eine Situation beschrieben, die auch dem Ausgangspunkt der heutigen Analyse des Phänomens Schuld sehr ähnlich ist.
Doch haben wir die Erzählung weiter zu verfolgen, wenn auch nicht in allen ihren Verästelungen. Ich muß übergehen, wie das militärisch-politische Kalkül des Saul nicht aufgeht und wie sich Jonatan, der Sohn Sauls, der dem David als Freund verbunden ist, bei seinem Vater für David verwendet (19,4–6). Ich muß auch übergehen, wie David schließlich trotz aller Versuche, das Verhältnis zwischen ihm und Saul zu heilen, vor Saul die Flucht ergreift.
Genauer sei jedoch die Szene betrachtet, in der David den ihm preisgegebenen Saul schont. Sie ist wiederum zweifach überliefert. Die beiden Erzählungen verlegen die Szene an verschiedene Schauplätze und enthalten auch im einzelnen unterschiedliche erzählerische Elemente. Dennoch sind sie als Parallelüberlieferungen im strengen Sinn, nicht als Berichte

von zwei verschiedenen Ereignissen aufzufassen. Die erste Erzählung, der im folgenden die Aufmerksamkeit gilt, findet sich in 1 Sam 24, die Parallele dazu in 1 Sam 26. David wird von Saul durch das judäische Bergland und die judäische Wüste gehetzt. So beginnt die Erzählung mit einer Ortsangabe:

»David zog von dort weiter und blieb in den schwer zugänglichen Bergen von En-Gedi« (1 Sam 24,1).

En-Gedi ist eine Oase, etwa auf der Mitte des Westufers des Toten Meeres gelegen. Von dort hat man leichten Zugang zu den Bergen, die vorzüglichen Schutz vor jeder Verfolgung bieten. Nachdem Saul von einer Philisterauseinandersetzung zurückgekehrt ist, teilt man ihm mit, daß sich David in der Gegend von En-Gedi aufhält:

»Als Saul von der Verfolgung der Philister zurückkehrte, berichtete man ihm: David ist in der Steppe von En-Gedi. Da nahm Saul dreitausend ausgewählte Männer aus ganz Israel und zog in die Gegend der Steinbock-Felsen, um David und seine Männer zu suchen« (V.2f).

Es geht also auch hier wieder um eine klar überlegte Handlung des Saul. Er setzt alles in Bewegung, um des David habhaft zu werden. Doch nun erhält die Erzählung eine witzige Wendung – Witz, bei dem tödlicher Ernst zugleich mit im Spiele ist:

»Am Weg lagen einige Schafhürden, und in der Nähe war eine Höhle. Saul ging hinein, um seine Notdurft zu verrichten. David aber und seine Männer saßen im Innern der Höhle« (V. 4).

Die Situation ist reichlich grotesk. Es kann sein, daß dieser Zug der Erzählung dazu dient, Saul herabzusetzen. Die Parallelerzählung spricht von einer anderen Situation: David bricht in das schlafende Heerlager Sauls ein (vgl. 1 Sam 26,5ff).

Nun wird David einer Versuchung ausgesetzt, die er besteht. Von seiner Begleitung wird ihm nahegelegt, den Saul jetzt oder nie zu schlagen:

»Da sagten die Männer (Davids) zu ihm: Das ist der Tag, von dem der Herr zu dir gesagt hat: Ich gebe deinen Feind in deine Gewalt, und du kannst mit ihm machen, was du willst« (V. 5a).

Es ist interessant zu sehen, wie die Versuchung an David herangetragen wird. Sie wird legitimiert durch ein angebliches Gotteswort für David. Doch David ist offensichtlich verantwortungsvoll genug, diese Versuchung unter dem Schein des Guten zu entlarven.

»Da stand David auf und schnitt heimlich einen Zipfel von Sauls Mantel ab. Hinterher aber schlug ihm das Herz, weil er Sauls Mantelzipfel abgeschnitten hatte. Er sagte zu seinen Männern: Der Herr bewahre mich davor, daß ich mich an meinem König, dem Gesalbten des Herrn, vergreife, denn er ist der Gesalbte des Herrn. Und David schalt seine Leute und ließ nicht zu, daß sie Saul etwas taten« (V 5b–8a).

Immerhin kann man sich fragen, wie die Diskussion in dieser Situation stattfinden konnte. Doch darüber reflektiert die Erzählung nicht. Sie eilt vielmehr gleich auf das Entscheidende zu. Saul verläßt die Höhle. Nachdem er sich genügend weit entfernt hat, tritt auch David aus der Höhle heraus und hält folgende Rede – freilich nicht, ohne zuvor Saul als Herrn und König angerufen zu haben und die höfische Verneigung vor Saul vollzogen zu haben:

»Warum hörst du auf die Leute, die sagen: David will dich ins Verderben stürzen? Doch heute kannst du mit eigenen Augen sehen, daß der Herr dich in der Höhle in meine Gewalt gegeben hat. Entgegen dem Ratschlag, dich zu töten, schonte ich dich. Ich dachte: Ich will mich nicht an meinem König vergreifen, denn er ist der Gesalbte des Herrn. Sieh her, mein Vater! Ich habe den Zipfel deines Mantels in der Hand, ich habe ihn abgeschnitten und dich nicht getötet. Sieh her und erkenne, daß ich nichts Böses vorhabe und mich nicht gegen dich vergangen habe. Du aber stellst mir nach, um mich zu töten. Der Herr soll zwischen uns entscheiden und mir mein Recht verschaffen. Aber ich will mich nicht an dir vergreifen. Denn das alte Sprichwort sagt: Verbrechen geht von Verbrechern aus. Aber ich will mich nicht an dir vergreifen. Wen verfolgt der König von Israel? Wem jagst du nach? Nur einem toten Hund! Nur einem Floh! Der Herr soll unser Richter sein und zwischen uns entscheiden, er soll meine Sache entscheiden und mir dir gegenüber Recht verschaffen.« (V. 10–16)

Diese Rede des David ist entscheidend. Sie erklärt seine Handlungsweise. David ist davon überzeugt, den Gesalbten Jahwes nicht töten zu dürfen. Er ist sich aber auch dessen gewiß, daß Jahwe selbst ihm zu seinem Recht verhelfen wird. Dieser Verzicht Davids auf Rache, bringt Saul zu einer neuen Einsicht. Die Rede des David, die sicher auch so etwas wie ein Versöhnungsangebot ist, hat bei Saul aufdeckende Wirkung: Saul erkennt, daß er gegenüber David schuldig geworden ist; und Saul steht zu dieser Schuld:

»Als David das gesagt hatte, antwortete Saul: Ist das nicht deine Stimme, mein Sohn David? Und Saul begann laut zu weinen und sagte zu David: Du bist gerechter als ich, denn du hast gut an mir gehandelt, ich aber habe an dir böse gehandelt. Du hast mir heute bewiesen, daß du gut an mir gehandelt hast. Denn der Herr hat mich in deine Gewalt gegeben, du aber hast mich nicht getötet. Wenn sonst jemand auf seinen Feind trifft, läßt er ihn dann im guten weiterziehen? Der Herr möge dich belohnen für das, was du mir heute getan hast. Jetzt weiß ich, daß du König werden wirst und daß das Königtum in deiner Hand Bestand haben wird. Darum schwöre mir beim Herrn, daß du meine Nachkommen nicht ausrotten und meinen Namen nicht aus dem Haus meines Vaters auslöschen wirst« (V. 17–22).

Die Rede Sauls ist genauso eindrucksvoll wie die Davids. Es ist hier daran zu erinnern, daß alttestamentlicher Erzählungsstil es im allgemeinen vermeidet, psychische Vorgänge im Erzählstoff mitzuteilen. »Klassische Restriktion« besagt, daß eigentlich nur das mitgeteilt wird, was erfahrbar ist, was hörend, sehend, tastend verifiziert werden kann. Die Bewegungen des Herzens werden nur dann deutlich, wenn sich eine Handlungsperson in der Rede artikuliert. Beide tun es hier.

Saul tut es in erschütternder Weise, unterstrichen durch das Weinen. Aus Sauls Rede spricht die Erkenntnis, durch Davids Schonung der eigenen Schuld überführt worden zu sein. Ihm ist nun voll bewußt, wie er sich an David vergangen hat. Er steht zu seiner Schuld und spricht sie aus: Du bist gerechter als ich, denn du hast mir Gutes getan – ich habe dir Böses getan. In der Parallelerzählung fällt ausdrücklich das Wort, das wir hier vergeblich suchen:

»Darauf sagte Saul: Ich habe *gesündigt*. Komm zurück, mein Sohn David! Ich werde dir nichts Böses tun, weil dir heute mein Leben so unantastbar war. Ich habe einen Fehler gemacht und mich sehr schwer vergangen« (1 Sam 26,21).

Unsere Erzählung schließt lapidar mit den folgenden Worten:

»David schwor es ihm (das heißt die Nachkommen und den Namen Sauls zu schonen). Saul zog nach Hause. David aber ging mit seinen Männern wieder in die unzugänglichen Berge zurück« (1 Sam 24,23).

Was ergibt sich für unser Thema aus diesen Erzählungen? Zum einen dies: Sie führen den Ausbruch des Bösen bei Saul auf einen sehr komplexen Sachverhalt zurück. Saul ist ein kranker Mensch. Dazu ist er ein unsicherer Mensch, der von Ängsten umgetrieben ist. Aus verdunkeltem Bewußtsein bricht plötzlich Böses aus ihm hervor, wenn er unversehens den Speer nach dem Leier spielenden David schleudert. Obwohl die Erzählungen an dem getrübten Bewußtsein Sauls keinen Zweifel lassen, behaften sie ihn doch mit der Verantwortung für sein Tun. Saul macht sich mit kalter Berechnung daran, David auszuschalten. Es geht bei ihm um klares Kalkül.
Zum anderen: Saul wird sich seiner Schuld durch das schonende und vergebende Verhalten Davids bewußt. Die Erfahrung, nicht der Vergeltung für sein Tun zum Opfer gefallen zu sein, macht ihm sein Unrecht klar.
Weiterhin: Die Entlarvung von Schuld löst beim Schuldigen Reaktionen aus: das Weinen zunächst, diesen ganzmenschlichen Vollzug. Das Schmerzgefühl bricht sich Bahn. Dann

aber das andere: die große menschliche Haltung, zu dem zu stehen, was er tut, schon getan hat, und daraus Folgerungen zu ziehen. Auch verliert Saul seine Ängste vor David. Denn nun erkennt er, daß David das Königtum erhalten wird und es in dessen Händen Bestand haben wird. Die Angst, geboren aus der Konkurrenzsituation, läßt nach. Saul kann nun klar sehen, daß David ein besserer König sein wird als er selbst, und sich damit abfinden.
Ferner ist die Aussprache wichtig. Hier wird nichts ausgelassen. Alles, was zu sagen ist, wird gesagt. Weil alttestamentliche Erzähler die wörtliche Rede ganz gezielt verwenden, ist das Sich-Aussprechen als wesentlicher Teil des Prozesses bei Saul anzusehen. Was als Schuld bedrückt, muß artikuliert werden. Das zeigt nicht nur unsere Erzählung, sondern beweisen ganz allgemein die Psalmen, in denen alles, was den Beter quält, in das Medium der Sprache gehoben wird. Ausdrücklich formuliert es Ps 32:

»Wohl dem, dessen Frevel vergeben
und dessen Sünde bedeckt ist.
Wohl dem Menschen, dem der Herr die Schuld nicht zur Last legt
und dessen Herz keine Falschheit kennt.
Solang ich es verschwieg, waren meine Glieder matt,
den ganzen Tag mußte ich stöhnen.
Denn deine Hand lag schwer auf mir bei Tag und bei Nacht;
meine Lebenskraft war verdorrt
wie durch die Glut des Sommers.
Da bekannte ich dir meine Sünde
und verbarg nicht länger meine Schuld vor dir.
Ich sagte: Ich will dem Herrn meine Frevel bekennen.
Und du hast mir die Schuld vergeben« (Ps 32,1–5).

Schließlich fällt ein letztes auf: In unserer Erzählung spielt Gott keine direkte Rolle. Auf einen derartigen Satz, wie wir ihn in dem Psalm gelesen haben, warten wir vergebens: »Du, Gott, hast mir die Schuld vergeben.« David ruft lediglich Gott an: »Der Herr soll meine Sache entscheiden.« Saul spricht davon: »Der Herr möge dir das Gute vergelten.« Aber obwohl Saul kein direktes Sündenbekenntnis vor Gott ausspricht, darf doch wohl gesagt werden, daß sich die Begegnung zwischen diesen beiden Männern im Angesicht Gottes abspielt. In der Schonung Sauls durch David und in dem Bekenntnis Sauls vor David ist Gott gegenwärtig. Die Versöhnung spielt vor Gott als ihrem Garanten. Was sich im zwischenmenschlichen Raum abspielt, ist getragen von der Macht des gnädigen und barmherzigen Gottes.

2. Das Abweisen falscher Schuld

Die Erzählungen von Saul und David haben gezeigt, wie Schuld aufgewiesen, zur Schuld gestanden werden kann, wie gerade dieses Stehen zu eigener Schuld heilende Kräfte aus sich entläßt. Doch es gibt auch – und wir wissen das heute nur zu gut – das Phänomen, daß einem Menschen Schuld aufgezwungen wird. Dies ist häufig der Fall, wenn ihm Erwartungshaltungen entgegengebracht werden, die er nicht erfüllen kann und auch gar nicht zu erfüllen braucht, weil sie keine Berechtigung haben. Dennoch können sie einen Menschen, der diesen Erwartungen ausgesetzt ist und sich nicht zur Wehr setzen kann, in eine ausweglose Situation treiben. Ein Fall – wiederum in großartiger Weise menschlich –, wo sich ein Mensch erfolgreich gegen angetragene Schuldgefühle zur Wehr setzt, ist Ijob. Auf diese alttestamentliche Gestalt soll deshalb der Blick gelenkt werden.
Ijob ist im Leid, wie es größer kaum denkbar ist. Er schleudert seine Klage aus sich heraus; besser nicht geboren zu sein (Ijob 3). Ijob macht sich in seinen Reden aber auch zum Sprecher der Menschheit überhaupt. Doch dieses Sprechen vom allgemeinen Menschengeschick wird immer wieder durchbrochen durch Passagen, in denen Ijob Gott direkt anredet und zur Verantwortung zieht für sein persönliches Geschick. Ijob steht auf dem Boden der weisheitlichen Lehre, die den strengen Zusammenhang von Tun und Ergehen postuliert: Wie einer sich verhält, so ergeht es ihm auch. Dieses weisheitliche Dogma ist so fest, daß vom Ergehen auch der Schluß auf das Tun des Menschen möglich wird.
Ijob akzeptiert diesen Zusammenhang, doch zieht er andere

Folgerungen als seine Freunde: Weil er leidet, ist er nicht etwa schuldig, sondern Gott ist ungerecht. Durch den auch von Ijob übernommenen Zusammenhang zwischen Tun und Ergehen des Menschen wird ihm Gott, der den Zusammenhang hergestellt hat und über ihn wacht, zum Problem. Deshalb fordert Ijob wiederholt Gott heraus, wobei er alte Bekenntnisformeln umkehrt:

»Was ist der Mensch, daß du groß ihn achtest
und deinen Sinn auf ihn richtest,
daß du ihn musterst jeden Morgen,
und jeden Augenblick ihn prüfst?
Wie lange schon schaust du nicht weg von mir,
läßt mich nicht los, daß ich die Spucke schlucke?
Hab' ich gefehlt? Was tat ich dir, du Menschenwächter?
Warum stellst du mich vor dich als Zielscheibe hin?
Bin ich dir zur Last geworden?
Warum nimmst du mein Vergehen nicht weg,
läßt du meine Schuld nicht nach?
Dann könnte ich im Staub mich betten.
Suchtest du mich, wäre ich nicht mehr« (Ijob 7,17–21; vgl. 10,2–7; 13,10–28; 15,15ff).

Ijob sieht in Gott den Menschenwächter, der nach Menschenart Sünden aufrechnet.

»Hast du die Augen eines Sterblichen,
siehst du, wie Menschen sehen?
Sind deine Tage Menschentagen gleich
und deine Jahre wie des Mannes Tage,
daß du Schuld an mir suchst,
nach meiner Sünde fahndest,
obwohl du weißt, daß ich nicht schuldig bin
und keiner mich deiner Hand entreißt?«
(10,4–7).

Vehement wehrt sich Ijob gegen ein derartiges Bild von Gott. Es ist in Ijobs Augen Gottes unwürdig, den Menschen so zu quälen, als ob er dauernd sündigte.
Aber auch vor den Freunden wehrt sich Ijob gegen zugemutete Schuld. Sie stehen ganz auf dem Tun-Ergehen-Zusam-

menhang und folgern aus seinem Ergehen zunächst verdeckt, dann bis hin zur offenen Anklage, Ijob müsse wegen seines Geschicks und seiner Gedanken, die er offen vor ihnen bloßlegt, ein Sünder sein:

»Ist es dem Allmächtigen von Wert, daß du gerecht bist,
ist es für ihn Gewinn, wenn du unsträfliche Wege gehst?
Wegen deiner Gottesfurcht sollte er dich strafen,
vor Gericht mit dir gehen?
Ist nicht groß deine Bosheit,
ohne Ende dein Verschulden?
Du pfändest ohne Grund deine Brüder,
ziehst Nackten ihre Kleider aus.
Den Durstigen tränkst du nicht mit Wasser,
dem Hungernden versagst du das Brot.
Dem Mann der Faust gehört das Land,
der Günstling darf darin wohnen.
Witwen hast du weggeschickt mit leeren Händen,
der Verwaisten Arme zerschlagen.
Deswegen liegen Fallstricke rings um dich her,
und jäher Schrecken ängstigt dich,
oder Dunkel, worin du nicht siehst,
und Wasserflut, die dich bedeckt« (Ijob 22,3–11).

So lautet die Anklage der Freunde des Ijob, die zum Trösten und Mittragen des Leides gekommen waren, sich aber nun aufgrund ihres traditionellen Glaubens in eine Lage hineinmanövriert haben, die der des Menschenwächters »Gott« nur zu ähnlich ist. Ijob wehrt sich gegen diese Zumutungen. Im Verlauf der Dichtung sind die Freunde in die Stellung des Sünden aufsuchenden Gottes gerückt; sie sind nicht mehr solidarisch mit ihm. »Warum verfolgt ihr mich wie Gott?« (Ijob 19, 22).Er aber hält an seiner Unschuld fest:

»So wahr Gott lebt, der mir mein Recht entzog,
der Allmächtige, der meine Seele quälte:
Solange noch Atem in mir ist
und Gottes Hauch in meiner Nase,
soll Unrecht nicht von meinen Lippen kommen,
noch meine Zunge Falsches reden.

Fern sei es mir, euch recht zu geben,
ich gebe, bis ich sterbe, meine Unschuld nicht preis.
An meinem Rechtsein halt' ich fest und lass' es nicht;
mein Herz schilt keinen meiner Tage« (Ijob 27,2–6).

Was begibt sich hier? Ijob besteht auf seiner Unschuld. Er ist sich keiner der von den Freunden namhaft gemachten Vergehen bewußt. Die Freunde – das sind die Traditionen. Sie verkörpern die frommen Auffassungen und die theologischen Weisheiten. In großartiger menschlicher Gebärde weist Ijob die Zumutungen zurück. Er läßt sich keine Schuld von Menschen aufoktroyieren. Entgegen Herkommen und gewöhnlicher Denkweise verteidigt er seine Unschuld.
Dieses Vorgehen Ijobs findet sicherlich auf der ganzen Linie unsere Zustimmung. Oft sind Menschen nur schuldig in den Augen der anderen, nach einem ganz bestimmten Reglement, aber nicht wirklich, im Innersten und im Persönlichsten. Die Figur des Ijob kann heute eine wichtige Funktion erfüllen, weil sie zum Protest gegen Zumutungen von Schuld legitimiert, die aufgrund fragwürdiger Kriterien konstruiert wird. Bei der Rede von Schuld müssen wir große Vorsicht walten lassen. Es muß sich um wirkliche Schuld handeln – und davon gibt es in der Tat genug. Aber man muß aufhören, dort Schuld zu suchen, wo keine ist oder es sich um Nichtigkeiten handelt, die den Blick auf große Schuld verstellen.
Wenigstens in Ansätzen mag deutlich geworden sein, wie das Alte Testament Schuld artikuliert und sie im Menschen aufdeckt. Es weist aber auch Wege, um aus der Schuld herauszukommen. Ein Weg ist der entscheidende: sich der Schuld zu stellen und sie in echtem Menschentum zuzugeben, sie auszusprechen, sie zu beweinen – im wörtlichen Sinn. Schuld wird nicht nur Menschen, sondern auch Gott gegenüber begangen. Wenn ein Mensch seine Schuld »beweint«, so geschieht auch das nicht nur vor Menschen, sondern vor Gott. Von ihm bezeugt das Schlußwort des Buches Micha in einer großartigen Formulierung, indem es alte Bekenntnisse umschreibt:

»Wo ist ein Gott wie du,
der du Schuld verzeihst,
und dem Rest deines Erbvolkes das Unrecht vergibst?

Gott hält nicht für immer fest an seinem Zorn;
denn er liebt es, gnädig zu sein.
Er wird wieder Erbarmen haben mit uns,
und unsere Schuld zertrampeln.
Ja, du wirfst all unsere Sünden
in die Tiefe des Meeres hinab« (Mich 7,18–19).

»Gerechtigkeit und Friede küssen sich«

Von Israels Hoffnung auf Brüderlichkeit, Gerechtigkeit und Frieden in dieser Welt

Alfred Grosser stellt in seinem Buch über die Geschichte Deutschlands seit 1945 im Zusammenhang mit der Haltung der katholischen Kirche zum Nationalsozialismus fest: »Man darf ... nicht übersehen, daß die Kirche sich bis in die *jüngste* Zeit vor allem dann gegen den Totalitarismus wandte, wenn er total war, das heißt, wenn er in den religiösen Bereich und in das Privatleben einbrach. Die doppelte Verurteilung von 1937: des Nationalsozialismus mit der Enzyklika ›Mit brennender Sorge‹ und des Kommunismus mit ›Divini Redemptoris‹, bezieht sich vor allem auf das Neuheidentum des einen und den Atheismus des anderen; sie waren beide militant und tasteten die Religionsfreiheit sowie die Rechte der Gläubigen und der Familienväter an. Die Unterdrückung der bürgerlichen Freiheiten, die politische Gleichschaltung und selbst die Gewaltanwendung gegen die Opposition rücken an die zweite Stelle. Wie könnte es auch anders sein, *denn die im 18. Jahrhundert verkündeten und in der amerikanischen und französischen Erklärung der Menschenrechte ausgesprochenen Werte sind gewiß mit dem Evangelium im Einklang, entsprechen jedoch nur wenig der katholischen Tradition.* Gewissensfreiheit und Verzicht auf Gewaltanwendung gegenüber dem Gegner gehören kaum zum Erbe der römischen Kirche.«[1]

Man kann sich über diese Äußerung entrüsten, man kann sie als undifferenziert und pauschal abqualifizieren. Man muß aber betroffen sein darüber, daß bei einem kritischen Beobachter, der nicht böswillig ist, sich der Eindruck verfestigt, die katholische Tradition stehe Einsichten, die zwar mit dem Evangelium übereinstimmen, aber nicht auf dem Boden der Kirche gewachsen sind, deswegen gleichgültig, wenn nicht gar feindlich gegenüber.

Im übrigen halte ich das Urteil Grossers – obwohl pauschal, undifferenziert – aufs ganze gesehen für richtig. Wenn man für diese Beurteilung der Lage Gründe anzugeben hätte, so könnte das natürlich auch nur pauschal und summarisch geschehen. Mir scheinen für die Gleichgültigkeit der katholischen Kirche gegenüber der Erklärung der Menschenrechte und ihre Indifferenz gegenüber der Durchsetzung der Menschenrechte zwei Faktoren entscheidend. Theologie und Verkündigung der Kirche der Neuzeit waren und sind vornehmlich ausgerichtet auf ein weltjenseitiges Heil, das zudem individuell und höchstinnerlich ist. Zweifellos legitimiert, ja fordert das NT die Ausrichtung auf ein weltjenseitiges den Menschen persönlich und zuinnerst betreffendes Heil. Die in Jesu irdischer Existenz, seinem Tod und seiner Auferstehung angebrochene Gottesherrschaft wäre nicht Erlösung, reichte sie nicht über die Todesgrenze des Menschen hinaus. Sie wäre eine Angelegenheit dieser Welt, erschlösse sie dem Menschen nicht neue, vom Menschen nie geahnte und deshalb auch von ihm aus nie erreichbare Lebensmöglichkeiten. Diese Gottesherrschaft, die auch über die äußerste Gefährdung des Menschen, den Tod, hinausreicht, zu verkündigen, ist der Kirche unabdingbar aufgetragen. Dennoch kann diese Weltjenseitigkeit und Innerlichkeit des Heils mißverstanden werden und ist mißverstanden worden. Es könnte scheinen, als sei das Bedenken und Ergreifen des einen Notwendigen ein Alibi dafür, sich nicht für diese Welt und menschlichere Verhältnisse in ihr einzusetzen. Von Außenstehenden etwa, von erklärten Atheisten, sind wir darauf gestoßen worden, daß die von Jesus verkündete Gottesherrschaft nicht nur ein eschatologisch-transzendentes Datum ist, sondern sehr massive irdische Implikationen hat. Wir sind darauf aufmerksam gemacht worden, daß die Heilige Schrift nicht nur das Neue Testament umfaßt, sondern auch einen größeren, älteren Teil, der im Gegensatz zu ihm höchst eindringlich auf den Gegebenheiten dieser Welt besteht, sie für Gott beansprucht und ihre Ordnung durch Gott erwartet. Das Alte Testament erhofft nicht nur die Vergebung der Sünden durch den gnädigen und barmherzigen Gott, der sich gerade in diesem schonenden Vergeben, in dem Sieg seiner Liebe über seinen Zorn als der Transzendente erweist. Es erhofft darüber hinaus auch Gottes Eingriff in diese Welt, der alle Ängste des Menschen beseitigt, indem dem Krieg, der Ungerechtigkeit und der Unfreiheit ein Ende gesetzt wird. Das Alte Testament kennt ein Heil, das innerweltlich und dabei sowohl innerlich, religiös, theologisch, als auch äußerlich, den Menschen in seinen weltlichen Bezügen heilend ist; ein Heil, das individuell und sozial ist.[2]

Das Interesse des Alten Testaments an dieser Welt, sein Drängen auf Verwirklichung von Recht diesseits der Todesgrenze »die Weltlichkeit des Alten Testaments«, um es auf einen von W. Zimmerli[3] geprägten Begriff zu bringen; seine Weigerung bis auf ganz wenige Ausnahmen in der späten Zeit, die Regelung menschlicher Verhältnisse auf einen Ausgleich jenseits der Todesgrenze zu verlagern – das alles ist lange Zeit in der Kirche als ein Minuspunkt dieses Buches angesehen worden. Durch dieses Beharren auf innerweltlichen Gegebenheiten erweise dieses Buch seine Vorläufigkeit und seine Unterlegenheit gegenüber der vollen vom Neuen Testament bezeugten Offenbarung – so sagte man. Mir scheint heute, daß die dezidierte Weltlichkeit des Alten Testaments – weit entfernt davon, Stigma der Vorläufigkeit zu sein – das notwendige Korrelat zur Verkündigung des transzendent-eschatologischen Heils durch das Neue Testament ist, das ja ebenfalls – wie gesagt – innerweltliche Implikationen hat.

Seit den Thesen des Markion (gest. um 150 n. Chr.) kämpft die Kirche für das Alte Testament. Trotz des Einsatzes ihrer Autorität zugunsten dieses Buches habe ich den Eindruck, man werde mit den Problemen, die es aufwirft, nicht recht fertig. Deswegen ist es auch in der Kirche nicht so heimisch, wie man es eigentlich erwarten sollte. Man kennt dieses Buch in der Theologie und der Verkündigung zu wenig. Man glaubt sich häufig zur Vernachlässigung dieses Teils der Heiligen Schrift ermächtigt, weil er vorläufig, durch das Neue Testament überholt und abgetan ist. Die Leerstelle, die das Alte Testament im Bewußtsein der Christenheit, in Theologie und Verkündigung hätte ausfüllen sollen, macht sich m. E. schmerzhaft bemerkbar. Seine Impulse für den Einsatz an der Gestaltung einer menschlicheren Welt kamen zum Schaden der Kirche nicht zum Zuge. Vielleicht ist dies mit schuld an dem Zustand, den Grosser zu indizieren sich genötigt sah.

Wenn Grosser noch 1974 schrieb: »Bis in die jüngste Zeit« halte sich in der katholischen Kirche eine Einstellung durch, die sich nur dann auf den Plan gerufen sieht, wenn ihre eigenen Interessen, die Interessen ihrer Gläubigen in Gefahr sind, so ist hier entschieden eine Korrektur anzubringen. Den die Menschheit bedrängenden Problemen hat sich die Kirche in der pastoralen Konstitution über »die Kirche in der Welt von heute«, »Gaudium et Spes«, auf eine imponierende Weise gestellt.[4] Nach dieser Bewußtseinsschärfung, die dann auch auf der »Gemeinsamen Synode der Bistümer in der Bundesrepublik Deutschland« ihre Fortsetzung fand,[5] ist es wohl leichter, sich dem Alten Testament zuzuwenden, von dem als Teil der Heiligen Schrift wir doch leben.

Unser Thema könnte als unscharf erscheinen. Das poetische Bild aus Ps 85 dient als Motto. »Gerechtigkeit und Friede küssen sich« ist ein Satz aus einem größeren Zusammenhang, der Israels Hoffnung auf Friede, Gerechtigkeit, Treue, Heil, Herrlichkeit, das Gute, den Ertrag des Landes formuliert (V. 9–14). Der Untertitel enthält fünf gewichtige Wörter. Drei von ihnen sind zentrale Begriffe des AT: Hoffnung, Gerechtigkeit, Friede. Es kann hier natürlich nicht darum gehen, diese zu analysieren. Sie sollen zusammen mit den beiden anderen Wörtern »Brüderlichkeit« und »diese Welt« die Koordinaten für das Folgende bilden. »Brüderlichkeit« ist kein Zentralbegriff des AT – das Wort kommt nur einmal vor (Sach 11,14) –, wenn auch das Verhältnis, das zwischen Brüdern waltet oder walten sollte, häufig Thema des AT ist, wie wir sehen werden. Der Begriff »diese Welt« ist im Alten Testament gar nicht belegt.

1. Die alttestamentlichen Gesetzeskorpora als Sicherung des Lebens in Gerechtigkeit für Israels Gegenwart

In dem Buch »Einführung in das juristische Denken« stellt Karl Engisch einen merkwürdigen Tatbestand fest. Er findet es ungemein schwierig, juristisches Denken dem Anfänger oder Laien näherzubringen, obwohl es doch kaum ein Thema gibt, das dem Menschen näher liegt als das Recht. »Die

Gründe für diese Interesselosigkeit des Laien am Recht und an der Rechtswissenschaft sind leicht aufzudecken. Und doch handelt es sich hier um etwas sehr Seltsames. Geht doch kaum ein anderes Kulturgebiet den Menschen näher an als das Recht ... Es gibt keinen Menschen, der nicht unter dem Recht lebt und ständig von ihm berührt und gelenkt ist. Der Mensch wird innerhalb der Gemeinschaft geboren und großgezogen und – von abnormen Fällen abgesehen – niemals aus der Gemeinschaft entlassen. Das Recht aber ist Wesenselement der Gemeinschaft. Es geht uns daher unvermeidlich an.«[6] Interessiert man sich aber schon überhaupt sehr wenig für Fragen des Rechts, dann um so weniger für so alte und überholte Kodifizierungen des Rechts, wie sie das Alte Testament zu bieten hat. Dieses Desinteresse scheint zudem theologisch legitimiert durch die paulinische Polemik gegen das alttestamentliche Gesetz. Es gilt auch als theologisch abgetan und obsolet. Das Alte Testament schätzt seine Gesetzeskorpora ganz anders ein: »Hiermit lehre ich euch, wie es mir der Herr, mein Gott, aufgetragen hat, Gesetze und Rechtsvorschriften ... Ihr sollt auf sie achten und sollt sie halten. Denn darin besteht eure Weisheit und eure Bildung in den Augen der Völker. Wenn sie dieses Gesetzeswerk kennenlernen, müssen sie sagen: In der Tat, diese große Nation ist ein weises und gebildetes Volk ... Welche große Nation besäße Gesetze und Rechtsnormen, die so sachgemäß sind wie alles in dieser Weisung, die ich euch heute vorlege?« (Dtn 4,5–8).

Dieses Eigenlob des AT bezüglich seiner Rechtssätze ist nicht nur ein Eigenlob geblieben. Man hat gerade zu der sehr entwickelten Sozialgesetzgebung des AT viel Rühmendes gesagt. Aber Israels Recht ist nicht das früheste Recht, das im Raum des Alten Orient auftaucht. Es liegen Gesetzeskorpora vor, die über ein Jahrtausend älter sind: die Gesetzessammlungen von Ur-Nammu, Lipit-Ischtar, die von Eschnunna, die Gesetze des Hammurapi von Babylon, weiterhin die mittelassyrischen Gesetze und die hethitische Gesetzessammlung. Auch ohne die ausdrückliche Formulierung der Erkenntnis: »Nicht mit sich allein lebt der Mensch, er lebt mit den anderen, und die Beziehung zu den anderen führt zu der Frage nach seinen Rechten und Pflichten«[7], beweist die Existenz solcher Gesetzessammlungen, daß man sehr früh in der Abgrenzung von Rechten und Pflichten der Menschen in einem Gemeinwesen die unabdingbare Voraussetzung für die Sicherung des Lebens der Gemeinschaft sah. Schon die frühen Gesetze haben die typische zweiteilige Form »Gesetzt den Fall, daß ... dann ....« Die beiden Elemente nennen wir heute Tatbestandsdefinition und Rechtsfolgebestimmung. Die Gesetze sind Sollenssätze. Ihr Anliegen ist die Sicherung des Gemeinschaftslebens in der Gegenwart dieser Gemeinschaft.

Auch das Alte Testament weist Gesetze auf, die der Struktur »gesetzt den Fall, daß ..., dann ...« folgen. Darüber hinaus gibt es eine ganze Reihe anderer Formen. Neben dem kasuistisch formulierten findet sich partizipial formuliertes Recht. Schließlich ist das aus dem Dekalog bekannte apodiktisch formulierte Recht zu nennen. Zum Beispiel: »Du sollst die Ehe nicht brechen.« Alle diese Rechtssätze dienen trotz ihrer verschiedenen Form der Ordnung des gegenwärtigen Lebens einer Gemeinschaft.

Das ganze Gesetzesmaterial kann hier natürlich nicht ausgebreitet und besprochen werden. Ich möchte mich auf zwei thematische Bereiche beschränken: (a) die Bestimmungen zu Rechtssicherheit und Rechtsgleichheit; (b) die Bestimmungen zu sozialem Verhalten. Auch diese Komplexe will ich nicht in allen Gesetzeskorpora verfolgen. Die Bestimmungen haben mancherlei Wandlungen erfahren, wie man sehen kann, wenn man sie vom Bundesbuch (Ex 21–23) über das Deuteronomium (Dtn 12ff) bis zum Heiligkeitsgesetz (Lev 17–26) verfolgt, was in Einzelfällen möglich, aber hier nicht nötig ist. Ich beschränke mich darauf, das Material aus dem ältesten Gesetzeskorpus, dem Bundesbuch, vorzuführen. Auch in diesem Komplex finden sich allerdings mancherlei Zusätze aus späterer Zeit. Als Zusätze sind wohl vor allem die manchen Bestimmungen beigefügten Motivationen anzusehen.

Wenn wir von Gesetzeskorpora sprechen, so darf das nicht dazu verführen, einen nach sachlichen Gesichtspunkten geordneten Kodex zu erwarten. Die Dinge, die sachlich zusammengehören, stehen bisweilen jedoch weit auseinander.

Will man feststellen, was das Alte Testament zu einer bestimmten Frage sagt, ist es also notwendig, die betreffenden Texte zusammenzusehen.

a) Bestimmungen zu Rechtssicherheit und Rechtsgleichheit

Sicherheit für ein geordnetes Gemeinschaftsleben ist gegeben, wenn es eine ordnungsgemäße Instanz gibt, die gerechten Gesetzen zur praktischen Gültigkeit verhilft. Über derartige Instanzen sind wir leider nur für die staatliche Zeit Israels einigermaßen sicher informiert. Die gängige Instanz, vor der Rechtsansprüche geprüft wurden, war die Rechtsversammlung im Tor der Stadt. Anschauliches Beispiel ist etwa das Buch Rut. In dieser Institution der Rechtsversammlung am Tor hatte wohl das kasuistisch formulierte Recht seinen konkreten Haftpunkt. Wie Rechtsprechung vor der staatlichen Zeit aussah, ist nicht leicht auszumachen. Die verschiedenen Formen von Rechtssätzen scheinen auch auf verschiedene Haftpunkte zu deuten. So spricht man heute beim sogenannten apodiktisch formulierten Recht von Sippenethos. Es hätte demnach seinen Sitz im Leben in der Belehrung der Sippenmitglieder durch den Sippenältesten. Wie dem auch immer sei: Korrekter Rechtsprechung, korrekter Rechtsfindung wird großer Wert beigelegt.

»Du sollst kein leeres Gerücht verbreiten. Biete deine Hand nicht dem, der Unrecht hat, indem du als falscher Zeuge auftrittst. Du sollst dich nicht der Mehrheit anschließen, wenn sie im Unrecht ist, und du sollst in einem Rechtsverfahren nicht so aussagen, daß du dich der Mehrheit fügst und das Recht beugst« (Ex 23,1–2).

Von diesen vier Vorschriften betreffen zwei die richterliche Instanz, zwei den Zeugen. Dem Richter wird vorgeschrieben, nicht nach bloßem Gerücht zu urteilen und vor allem sich in seiner Entscheidung nicht nach der Mehrheit zu richten, wenn sie erwiesenermaßen im Unrecht ist. Auch der Zeuge hat sich entschieden an die Wahrheit zu halten, entsprechend dem Dekaloggebot »Du sollst nicht falsch gegen einen anderen aussagen« (Ex 20,16). An unserer Stelle in 23,1 steht ein noch stärkerer Ausdruck, denn die genaue Übersetzung lautet: »gewalttätiger Zeuge«. Hier ist wohl sofort die Folge eines falschen Zeugnisses vor Gericht im Blick. Es ist Gewalttat gegenüber dem sich vor Gericht Verantwortenden. Wie solche Gewalttat aussieht, die von falschen Zeugen durch ihr Zeugnis verursacht wird, demonstriert eindringlich die Affäre mit Nabot (1 Kön 21). Auch der Zeuge selbst wird wie der Richter aufgefordert, nach bestem Wissen und Gewissen auszusagen und nicht mit den Hunden zu heulen. Dann folgt eine höchst interessante Anweisung:

»Du sollst auch den Geringen in seinem Rechtsstreit nicht begünstigen« (Ex 23,3; vgl. Lev 19,15).

Hier wird eindringlich zur Rechtsgleichheit aufgefordert. Der Geringe, Arme – leider ist der gebrauchte Terminus soziologisch nicht eindeutig – darf nicht einfach deswegen, weil er arm, gering, mittellos ist, im Prozeß begünstigt werden. Freilich ist die Gefahr, einen Geringen, Mittellosen zu begünstigen, weniger groß, als bei einem Einflußreichen und Begüterten. Wenn ein Armer gegen einen Reichen vor Gericht steht, könnte das Geld eher als das Recht den Ausschlag bei der Urteilsfindung geben. Deshalb lautet die nächste Anweisung:

»Du sollst das Recht des Armen in seinem Rechtsstreit nicht beugen. Von einem unlauteren Verfahren sollst du dich fernhalten. Wer unschuldig und im Recht ist, den bringe nicht um sein Leben, denn ich spreche den Schuldigen nicht frei. Du sollst dich nicht bestechen lassen; denn Bestechung macht Sehende blind und verwirrt die Sache derer, die im Recht sind« (Ex 23,6–8; vgl. ferner Dtn 16,19–20; 19,15.16–21; 24,17–18; auch Dtn 25,1; Dtn 1,16f).

Diese Vorschriften sind reine Sollenssätze. Sie weisen nicht das Gefüge »gesetzt den Fall, daß ..., dann ...« auf. Sie nähern sich der Form apodiktischer Sätze an, auch wenn die klassische Form dieses apodiktisch-formulierten Rechts sehr viel kürzer und deshalb noch vieldeutiger ist: Du sollst nicht morden, du sollst nicht die Ehe brechen, du sollst nicht stehlen.

Diese Stellen aus dem Bundesbuch mögen genügen, um zu zeigen, wie sensibel auf Rechtsgleichheit und Rechtssicherheit gedrungen wird. Ein weiteres wird auch hier schon deutlich: In einem kleinen Zusatz wird gesagt, daß die Sache vor Gericht keine profane oder doch keine bloß profane Sache ist: »Denn ich spreche den Schuldigen nicht frei« (23,7). Die rechtsprechende Instanz steht unter der Kontrolle Jahwes, dessen Ich ganz plötzlich in dem so profanen Spiegel für die Rechtsprechung auftaucht. Das Deuteronomium wird es einmal auf den Begriff bringen: »Das Gericht kommt von Gott« (Dtn 1,17). Obwohl der Satz nicht ganz einfach zu deuten ist, scheint mit ihm die unmittelbare Verantwortlichkeit des menschlichen Richters gegenüber Gott ausgedrückt zu sein. Gott selbst wacht über die Durchsetzung von Recht.

b) Bestimmungen zu sozialem Verhalten

Sensibilität für Faktoren, die das Gemeinschaftsleben stören, erkennt der moderne Leser vor allem in den Partien des Bundesbuches, die sich mit Unterprivilegierten befassen. Es ist nicht in Ordnung, wenn es Unterprivilegierte gibt. Aber vor allem ist es nicht in Ordnung, wenn solche Zukurzgekommenen noch ausgebeutet werden. Ihre Stellung, die sie hilflos macht, darf nicht mit Kalkül ausgenutzt werden. An erster Stelle stehen besonders in ihrem Recht gefährdete Menschen. Nicht nur das Bundesbuch, sondern auch die anderen Gesetzeskorpora, besonders das Deuteronomium kennen diesen Dreiklang: der Fremde, das heißt der zwar im Ort wohnende, aber nicht über Grundbesitz verfügende Mitbürger, die Witwe und die Waise. Diese Gruppen sind in den Gesetzestexten mit Vorzug behandelt. Ihre Rechte darf man nicht antasten.

»Einen Fremden sollst du nicht ausnützen und nicht ausbeuten, denn ihr seid selbst in Ägypten Fremde gewesen« (Ex 22,20).

Ganz ähnlich lautet die Weisung in Ex 23,9:

»Einen Fremden sollst du nicht ausbeuten. Ihr wißt doch, wie es einem Fremden zumute ist, denn ihr seid selbst in Ägypten Fremde gewesen.«

In beiden Texten findet sich eine Motivation. Sie rekurriert auf das, was man ja aus eigener Erfahrung weiß. Das Fremdsein und Ausgebeutetsein ist die Erfahrung Israels. Aber es ist auch die Erfahrung Israels, durch Jahwe aus dem Sklavenhaus herausgeführt worden zu sein. Israel ist als Fremdem widerfahren, was sich jederzeit wiederholen kann. Jahwe ist Anwalt der Fremden. Die Gesetzgebung zugunsten der Fremden nimmt im Deuteronomium einen weiten Raum ein. Der Fremde in deinen Stadttoren, wie der Terminus dort lautet, wird immer mehr einbezogen in das Gemeinschaftsleben. Er soll wie alle Israeliten an der Freude des Wochenfestes (Dtn 16,11) und des Laubhüttenfestes (Dtn 16,14) teilnehmen. Daß die Integration des Fremden allerdings nicht total ist, zeigt z. B. die deuteronomische Vorschrift, daß er von den Speiseverboten ausgenommen ist (Dtn 14,21).
Witwen und Waisen stehen als gefährdete Personen in ihren Rechten unter besonderem Schutz:

»Ihr sollt keine Witwe oder Waise ausnützen (erniedrigen!) Nutzt du sie aus und schreit sie zu mir, dann werde ich auf ihren Klageschrei hören. Mein Zorn wird entbrennen, und ich werde euch mit dem Schwert umbringen, so daß eure Frauen zu Witwen und eure Söhne zu Waisen werden« (Ex 22,22–23).

Auch hier haben wir wieder eine apodiktische Anweisung. Anstelle einer Rechtsfolgebestimmung, die ja in sich die Funktion hat, die Beobachtung des Gesetzes dringlich zu machen, findet sich hier wieder eine religiöse Motivation:
Jahwe selbst setzt sich leidenschaftlich für das Recht dieser sozial Schwachen ein.
In den Zusammenhang dieser Vorschriften gehört auch das Zinsverbot (Ex 22,24 vgl. Dtn 23,30f). Eingegangen sei aber noch kurz auf die Vorschrift zum Pfandrecht. Sie lautet:

»Nimmst du von einem Mitbürger den Mantel zum Pfand, dann sollst du ihn bis Sonnenuntergang zurückgeben. Denn es ist seine einzige Decke, der Mantel, mit dem er seinen bloßen Leib bedeckt. Worin soll er sonst schlafen? Wenn er zu mir schreit, höre ich es, denn ich habe Mitleid« (Ex 22,25–26).

In dieser Vorschrift haben wir die Struktur eines kasuistisch formulierten Gesetzes vor uns, bestehend aus Tatbestandsdefinition und Rechtsfolgebestimmung. Wie schon Witwen und Waisen als Volksgenossen angesehen waren, so wird auch hier ganz ausdrücklich der Vollmitbürger berücksichtigt. Das Gesetz setzt eine schon differenzierte Gesellschaft voraus, die sich aus Armen und Reichen zusammensetzt, und zwar innerhalb Israels selbst. Der in der Tatbestandsdefinition genannte arme Mann ist ein Israelit, der sich Geld oder naturale Güter hat ausleihen müssen. Dieses Pfand darf nicht über Nacht behalten werden. Interessant ist auch hier wieder ein Blick auf die Weiterentwicklung der rechtlichen Behandlung dieses Falles im Deuteronomium:

»Man darf nicht die Handmühle oder den oberen Mühlstein als Pfand nehmen, denn dann nimmt man schon den Menschen selbst als Pfand« (Dtn 24,6).

Ein für den Menschen notwendiges Arbeitsgerät kommt also überhaupt nicht als Pfand in Frage. Die Vorschrift, die Bezug auf die Exodusstelle nimmt, lautet:

»Wenn du einem anderen irgendein Darlehen gibst, sollst du, um das Pfand zu holen, nicht sein Haus betreten. Du sollst draußen stehen bleiben, und der Mann, dem du das Darlehen gibst, soll dir ein Pfand nach draußen bringen. Wenn er in Not ist, sollst du sein Pfand nicht über Nacht behalten. Bei Sonnenuntergang sollst du ihm sein Pfand zurückgeben. Dann kann er in seinem Mantel schlafen, er wird dich segnen, und um dich wird es recht stehen vor dem Herrn, deinem Gott« (Dtn 24,10–13).

Jedes beliebige Pfand, nicht nur ein als Pfand gegebener Mantel muß vom Pfänder zurückgegeben werden, wenn der, der das Pfand gegeben hat, in Not ist. Auch im deuteronomischen Gesetz fehlt nicht der Hinweis darauf, daß Jahwe bei dieser so profanen Angelegenheit mit im Spiel ist.

Über die Gesetzeskorpora, gerade auch über die soziale Gesetzgebung, wäre noch manches zur Sprache zu bringen. Ausführlicher müßte die Sklavengesetzgebung behandelt werden, die den Eingang unmittelbar nach der Überschrift zum Bundesbuch in Ex 21,1 bildet (Ex 21,2–11). Die Sabbatvorschrift wäre zu betrachten, ebenso die Vorschrift bezüglich des Verhaltens gegenüber dem Feind, dem Prozeßgegner (Ex 23,4–5), der im Deuteronomium zum »Bruder« wird (Dtn 22,4). Auf Gesetze wäre hinzuweisen, die sich noch nicht im Bundesbuch, sondern erst in den späteren Gesetzeskorpora, im Deuteronomium oder im Heiligkeitsgesetz, finden.

Gerade beim Sklavengesetz wird uns natürlich die Zeitbedingtheit alttestamentlicher Gesetzeskorpora bewußt. Manches fehlt, was wir gerne in biblischen Gesetzessammlungen aufgenommen und kodifiziert sähen. Im Alten Testament ist aber durchaus zu erkennen, wie sich die Gesetzgebung auf veränderte Lebensbedingungen der Menschen einstellt. Das Gesetz ist keine fixe Größe. Was bleibt und sich durchhält, ist aber der drängende Wille zu gerechten Lösungen von Konfliktfällen, die sich aus dem Zusammenleben von Menschen ergeben. Dabei handelt es sich – um ein Wort von E. Bloch aufzunehmen – um einen »erzhumanen« Willen.[9] Man hat das, was sich in den alttestamentlichen Gesetzeskorpora artikuliert, auch als »Brüderlichkeitsethik« charakterisiert – sicherlich nicht ganz zu Unrecht.[10] Gerade für das Deuteronomium trifft die Kennzeichnung »brüderliches Gesetz« zu.

Ich möchte diesen Teil unserer Überlegungen abschließen mit einigen Sätzen aus einem posthum veröffentlichten Aufsatz Gerhard von Rads, die das alttestamentliche Gesetz – vielleicht ein wenig zu euphorisch – würdigen: »Lassen Sie mich dieser Gesetzgebung gegenüber zwei Empfindungen aussprechen. Zuerst eine allgemein menschliche und dann eine theologische. Man kann tatsächlich nur staunen über den sozialen Impetus, der diese Gesetze durchwaltet. Bei einem Vergleich mit außerisraelitischen altorientalischen Rechtssätzen sind wir oft Punkt für Punkt imstande, die Überlegenheit dieser Rechtssätze gerade auf dem Gebiet des Sozialen festzustellen. Israel müht sich, die Rechtsgleichheit vor dem Gesetz zu erreichen. Auch der Fremdling und der Arme und der Sklave sollen die Wohltat der Rechtssicherheit genießen. Aber in diesem unserem Lobpreis ist ein unreiner Klang. Diese Gesetzgebung erschien manchmal geradezu als eine großartige Vorwegnahme der idealsten humanitären Bestrebungen der Neuzeit. Das aber gerade ist sehr irrig. In allen sozialen Programmen seit der Aufklärung geht es um den Menschen, um sein Recht auf Glück, um seinen berechtigten Anspruch auf die Güter dieses Lebens ... In diesen alttestamentlichen Ordnungen aber geht es nicht um den Menschen, sondern um Gott. Nicht weil der Mensch so wertvoll ist, und weil er unveräußerliche Rechte hat, sondern weil Gott es nicht will, darf der Arme nicht ausgebeutet werden, darf bei der Rechtsprechung die Waise nicht benachteiligt werden.«[12] Es ist sicher richtig: Der Mensch in sich, als Persönlichkeit ist in diesen alten Texten kein Ideal. Aber rückschauend ist das Urteil wohl zulässig, daß die Forderung Jahwes dem Menschsein nicht nur keine Hemmnisse in den Weg legt, sondern Menschlichkeit zu sich kommen läßt. Israel verfügt zur Sicherung seines Gemeinschaftslebens über wirklich weise und sachgemäße Normen. Diese Normen, so profan sie sich ausnehmen mögen, sind ein eminent theologisches Datum. Jahwe selbst verbürgt sich für sie.

2. Die prophetische Gerichtsankündigung als Sicherung des Lebens in Gerechtigkeit durch die die Gegenwart bestimmende Ankündigung der Zukunft

Unter diesem Thema soll der Sinn dessen zu erfassen gesucht werden, was wir als Sozialkritik der Propheten zu etikettieren uns angewöhnt haben. Ich beschränke mich auf einen Propheten, Amos, und ordne das Material in derselben Weise an wie eben: nach den Gesichtspunkten der Anklage der korrupten Rechtsprechung und der Anklage sozialen Fehlverhaltens. Diese Anordnung möge nicht mißverstanden werden. Es könnte so scheinen, als würden die Propheten als Menschen auftreten, die das Gesetz vor Augen haben, und ihm in einer Zeit, da das im Gesetz festgelegte Recht mit Füßen getreten wird, zur Durchsetzung verhelfen. Lange hat man in der Tat die Propheten als Prediger des Gesetzes verstanden, die es ausgelegt und neu eingeschärft haben. Mit der durch Julius Wellhausen klassisch formulierten Hypothese über die Entstehung des Pentateuch, die die Propheten zeitlich vor dem Gesetz einordnet, ergab sich aber ein ganz neues Bild von den frühen Propheten. Sie waren nun nicht mehr die Prediger, Ausleger und Einschärfer des Gesetzes, sondern die hohen einzelnen, die Koryphäen, die mit analytischer Schärfe die Mißstände in Israel diagnostizierten. Inzwischen ist das Pendel wieder zurückgeschwungen. Man sieht die Propheten durchaus nicht mehr so traditionslos als hohe einzelne, sondern vielfältigen, auch gesetzlichen Traditionen verhaftet. Die Diskussion über das Verhältnis der Propheten zu ihren vorgegebenen Überlieferungen ist nach der großen Darstellung des Prophetentums durch G. von Rad, in der es ihm nicht zuletzt darum ging, »den Propheten ihren Anteil am Gesetz wiederzugeben«[12], von neuem höchst belebt worden. Zu einer allgemein akzeptierten These ist es aber noch nicht wieder gekommen.[13] Unsere Gliederung soll also in dieser Frage nichts präjudizieren. Immerhin kann man doch Hinweise darauf finden, daß des Amos Vorstellungen sich weithin mit Normen des Bundesbuches sachlich decken.[14]

Um die Texte des Amos, Jesaja und Micha zu sozialen Vergehen zu verstehen und zu würdigen, müßte man sich eigentlich zuerst die sozioökonomische Entwicklung, die sich in den Reichen Israel und Juda seit dem Aufkommen des Königtums vollzogen hat, vergegenwärtigen. Doch darauf müssen wir hier verzichten. Da außerdem gerade hier die direkten Quellen nicht sehr reichlich fließen, ist man stark auf Rückschlüsse angewiesen.[15] Micha 2,2b mag einen alten Grundsatz typisch israelitischer Auffassung bezüglich des Bodenrechts wiedergeben: ein Mann – ein Haus – ein Erbanteil an Grund und Boden. Das besagt: Jeder freie Israelit hatte mit seiner Familie quasi autark sein Auskommen. Das Erbe konnte er in keiner Weise veräußern, nicht verkaufen, nicht verpachten, sondern nur vererben. Denn der eigentliche Eigentümer des Landes ist Jahwe selbst. Dieses Ideal eines freien, selbständigen, Ackerwirtschaft betreibenden Israeliten mag am Anfang gestanden haben. Die Situation, die sich in der Mitte des 8. Jahrhunderts ergeben hat, ist jetzt bei Jesaja klassisch beschrieben:

»Weh euch, die ihr Haus an Haus reiht
und Feld an Feld fügt,
bis kein Platz mehr da ist
und das ganze Land euch gehört« (Jes 5,8).

Wie es von einem Ideal, nach dem jede Sippe auf dem ihr durch Los zugefallenen erblichen Grund und Boden saß und selbständig war, zu der von den frühen Propheten schärfster Kritik unterzogenen Situation gekommen ist, in der viele freie Bauern in Abhängigkeit geraten, in Schuldsklaverei sich zu verkaufen genötigt sahen; wie es zu einer ständig sich weiter entwickelnden und ausbreitenden Latifundienwirtschaft, zu den königlichen Staatsdomänen mit ihrem enormen Grundbesitz gekommen ist, kann nicht weiter verfolgt werden. Jedenfalls haben wir um die Mitte des 8. Jahrhunderts eine Situation vor uns, in der – mit diversen Zwischenschattierungen – auf der einen Seite der Reichtum weniger und auf der anderen Seite die Armut vieler steht. Gerade an die sich noch über Wasser haltenden Kleinbauern ist hier zu denken, die gegenüber den völlig Abhängigen sich brutal verhalten. Amos nimmt nicht nur die großen, sondern auch die kleinen Schinder aufs Korn. Seine Verkündigung ist fast ausschließlich auf die Kritik der sozialen Verhältnisse konzentriert. Die Kritik des religiösen Verhaltens tritt ein wenig zurück, wenn man vergleichsweise an Hosea denkt, bei dem gerade der baalisierte Jahweglaube des Nordreichs das Hauptziel der Kritik ist. Dennoch finden sich auch bei Amos bezüglich des religiösen Selbstverständnisses Israels Aussagen von unüberbietbarer Schärfe (Am 3,2; 9,7).

a) Anklage der korrupten Rechtsprechung

»Weh denen, die Recht in Wermut verwandeln
und Gerechtigkeit zu Boden stoßen!« (Am 5, 7).
»Rennen Rosse über Felsen
oder pflügt man mit dem Rind das Meer?

Doch ihr verwandelt Recht in Gift
und die Frucht der Gerechtigkeit in Wermut« (Am 6,12).

In beiden Texten fallen zwei wichtige Termini: Recht und Gerechtigkeit, die man als »Rechtsordnung und Rechtsverhalten, gute Lebensordnung und Einsatz für ihre Verwirklichung«[16] umschreiben könnte. Das Wortpaar begegnet noch einmal im Zusammenhang mit der Kritik des Amos am Kult. Recht und Gerechtigkeit sollte die Frucht des Gottesdienstes sein (5,24). Aber Amos liebt keine abstrakten Begriffe. Er geht vielmehr auf konkrete Fälle ein:

»Sie hassen im Tor den, der zurechtweist,
und verabscheuen den, der vollständig aussagt« (5,10).

Man haßt bei der sogenannten »Rechtspflege« denjenigen, der den Finger darauf legt, daß etwas faul ist im ganzen Verfahren. Auch einen Zeugen, der gewissenhaft aussagt, kann man nicht ausstehen. Es entsteht so das Gegenbild zu dem vom Gesetz Ex 23,1–2 Gezeichneten.

»Ja, ich kenne eure zahlreichen Verbrechen
und eure kräftigen Verfehlungen;
sie bedrängen den Schuldlosen,
sie nehmen Bestechungsgeld an
und weisen die Bedürftigen ab« (5,12).

Amos sieht Korruption der Rechtsprechung auf der ganzen Linie.

b) Anklage sozialen Fehlverhaltens

»Darum: Weil ihr Pachtzins vom Hilflosen erpreßt
und Kornsteuer von ihm nehmt:
Quadersteinhäuser habt ihr gebaut,
doch werdet ihr nicht darin wohnen.
Prächtige Weingärten habt ihr gepflanzt,
doch trinken werdet ihr nicht ihren Wein« (Am 5,11).

Der Hilflose, der hier ausgepreßt wird, ist ein an sich mit allen formalen Rechten ausgestatteter Bürger. Aber die Reichen, die sich solide gebaute Villen leisten können (Quadersteinhäuser im Gegensatz zu Häusern aus luftgetrockneten Ziegeln) bekommen nicht genug. Amos deckt hier das rücksichtslose Eintreiben der Steuern auf, bei deren Aufbringen ein Kleinbauer nur allzuleicht in die Abhängigkeit eines Tagelöhners oder sogar in die der Schuldsklaverei geraten konnte. Amos entlarvt schonungslos die Vergehen der Großhändler: ihr Profitstreben, das sie sogar den Sabbat über in Atem hält, und ihre betrügerischen Geschäftsgebaren (8,4–6). Besonders hat er es auf die reiche Oberschicht abgesehen, die im Luxus dahinlebt, wie er es in dem Wort gegen die feisten Basanskühe von Samaria, das heißt die Damenwelt der Hauptstadt (4,1–3), und gegen die den Tag versaufende und wie Säcke auf ihren elfenbeinernen Liegen sich herumräkelnde Männerwelt von Samaria zum Ausdruck bringt (6,1–7). Amos verurteilt aber nicht den Luxus an sich. Er erhebt Anklage, weil der Luxus für diese Schicht nur durch die Ausbeutung der Armen erreichbar ist. Dieser Zusammenhang wird deutlich in Amos 3,9–11:

»Gebts kund über den Wohnburgen zu Aschdod,
über den Wohnburgen im Lande Ägypten!
Sprechet: Sammelt euch auf Samarias Berg!
Seht den maßlosen Terror in seiner Mitte
und die Unterdrückten darin!
Sie verstehen nicht, das Recht zu tun ...
Sie sammeln Schätze in ihren Wohnburgen
mit Gewalttat und Unterdrückung.
Darum: so hat ... Jahwe gesagt:
Ein Feind wird das Land umzingeln;
er reißt deine Macht herunter von dir,
und deine Wohnburgen werden geplündert.«

Als Zusammenfassung sei noch ein Text vor Augen geführt, der neben der korrupten Rechtsprechung und dem sozialen Fehlverhalten, wobei Pfändungen, Schuldsklaverei als Delikte deutlich heraustreten, noch den Verfall des Familienethos anklagt:

»So hat Jahwe gesagt:
Wegen dreier Verbrechen von Israel

und wegen vierer nehme ich es nicht zurück,
weil sie den Schuldlosen für Geld verkaufen
und den Armen wegen ein Paar Sandalen.
Sie treten ... nach dem Kopf der Hilflosen
und weisen den Rechtsweg der Elenden ab.
Ein Mann und sein Vater gehen zum gleichen Mädchen.
Gepfändete Kleider breiten sie aus ...
und Wein von Bußgeldern trinken sie ...
Und ich hatte doch die Amoriter ihretwegen vernichtet,
die groß waren wie die Zedern
und stark wie die Eichen;
dennoch vernichtete ich oben ihre Frucht
und unten ihre Wurzeln ...
Siehe, ich spalte den Boden unter euch auf,
wie der Wagen aufspaltet, der voll von Ähren.
Da entschwindet dem Schnellen die Zuflucht,
den Starken stützt nicht seine Kraft ...
Der Bogenschütze hält nicht stand ...
auch der das Pferd lenkt, rettet sein Leben nicht.
Selbst der Beherzteste unter den Vorkämpfern –
nackt flieht er an jenem Tage, Spruch Jahwes«
(Am 2,6–9. 13–16).

Was ist die Intention dieser Anklagen, was verfolgt der Prophet mit dieser schonungslosen Kritik, die er unter persönlicher Gefährdung mutig vorträgt? Auf diese Frage gibt es in der alttestamentlichen Wissenschaft zwei Antworten. Die eine ist augenblicklich in der Forschung sehr weit verbreitet. Ich halte sie aber für nicht zutreffend. Einer der prominentesten Verfechter dieser Antwort ist H. W. Wolff. Er formuliert so: »Bleibt noch die Frage, wozu Amos so redete. Besserung hat er nicht erhofft. So rechnete er auch nicht damit, daß sein Wort zu einer Änderung der Verhältnisse führen würde. Nirgendwo klingt ein Optimismus durch, als sei eine neue Welt zu erwarten. Darum ist der Grundtenor seiner Sprache niemals ein moralischer oder pädagogischer. Er wird sowohl als Sozialreformer wie als politischer Revolutionär nur mißverstanden. Diesem Mißverständnis erlag der Priester Amazja als erster (7,10f). Amazja findet aber darin bis heute sehr viele Nachfolger. *Die schonungslose Gesellschaftskritik des Amos kann nur theologisch im strengsten Sinne verstanden werden. Er hat die Botschaft vom Ende des Staates Israel als die unweigerlich nahende Tat seines Gottes zu verkünden. Alles, was er dem hinzufügt, erhellt nur die volle Gerechtigkeit dieser anstürmenden Zukunft.«* [17] Wolff nimmt innerhalb der verschiedenen Sprüche des Propheten eine innere Wertung vor. Das Zentrum der Botschaft des Amos sei die unbedingte Ankündigung des Gerichtes über das Nordreich. Daß das Ende Israels gekommen ist, sei die prophetische Grundgewißheit, die ihm aus Inspiration zukam. Diese Grundgewißheit artikuliere sich in dem Teil des prophetischen Wortes, den die Gattungskritik als »Ankündigung« oder auch als »Drohwort« bezeichnet. Dieser Teil wäre das eigentliche Gotteswort. Und nur dies zu verkünden sei dem Propheten unmittelbar und direkt von Jahwe aufgetragen. Gattungskritisch unterschieden von der Ankündigung ist der Teil des prophetischen Redens, den man »Anklage«, »Gegenwartsanalyse«, »Gegenwartskritik«, »Scheltwort« nennt – die Terminologie ist nicht sehr konstant. Dieser Teil habe – so die verbreitete Auffassung – begründende Funktion gegenüber der Ankündigung. Wichtig sei aber: In der die Ankündigung begründenden Anklage spreche einzig und allein der Prophet. Hier artikuliere sich sein Räsonnieren. Der Prophet suche unter Aufbietung seiner eigenen analytischen Schärfe die unbedingte Gerichtsankündigung seinem Auditorium plausibel zu machen. Die Plausibilität bestehe dann darin, daß das Auditorium zugibt, die verkündete Katastrophe sei gerecht. Um nochmals Wolff zu Wort kommen zu lassen: Die »Anklage begründet die Todesbotschaft des Amos. Das Verhältnis von Scheltwort und Drohwort wird verzeichnet, wenn man die Gerichtsbotschaft mit ihrer Begründung als eine verhüllte Form des Bußrufs deutet. Was Amos von seinem Hörer erwartet, ist nicht mehr Umkehr, sondern höchstens die Bereitschaft, die Anklage als gerechte Begründung des angekündigten finsteren Jahwetages anzuhören.«[18]

An dieser Konzeption des Prophetenworts und der Deutung der Botschaft ist zunächst einmal die Trennung zwischen Anklage als Menschenwort und Ankündigung als Gotteswort zurückzuweisen. Diese weitreichende, zunächst gattungskritisch erarbeitete These mit eminent theologisch-systematischen Konsequenzen ist bei genauem Hinsehen gar nicht so gut in den Fakten begründet, wie ihre Vertreter vorgeben. Die sogenannte Botenformel »darum, so spricht Jahwe« leitet des öfteren nicht nur die Ankündigung, sondern auch das aus Anklage *und* Ankündigung bestehende gesamte Prophetenwort ein (Am 1,3.6. 13,2,1.6). Die schlichte Verteilung von menschlichem Element und göttlichem Element auf Anklage und Ankündigung erscheint schon dem sprachlichen Befund nicht angemessen und ist theologisch allzu einfach. Man wird grundsätzlich darauf beharren müssen, daß das gesamte Prophetenwort, bestehend aus Anklage und Ankündigung, zugleich Menschen- und Gotteswort ist.

Neuerdings hat sich O. Keel mit dieser weit verbreiteten Deutung der vorexilischen Prophetie auseinandergesetzt. Mit Recht stellt er fest: »Theologisch betrachtet kann man sich fragen, warum es eine geringere Tat Gottes sein sollte, jemandem die Kraft zu schenken, ein Verbrechen, das von den Beteiligten nicht deutlich wahrgenommen wird, deutlich wahrzunehmen und es unter Lebensgefahr zu denunzieren, als jemandem Einblick in ein unabwendbares Unheil zu gewähren?«[19] Keels These, Amos, der frühe Jesaja und Micha hätten durch ihre Verkündigung das Volk zur Umkehr bewegen wollen, kommt dem Prophetenverständnis sehr nahe, wie es vor allem auch M. Buber vertreten hat. Auch mir scheint das der richtige Weg zum Verständnis zu sein. Wenn in dem prophetischen Wort Anklage und Ankündigung gleichrangige Bedeutung haben, dann bestimmt die Anklage das Verständnis der Ankündigung und umgekehrt die Ankündigung das der Anklage. Damit ergibt sich: Die Gegenwart, die der Prophet in ihrer Schlechtigkeit entlarvt, soll durch die Ankündigung der Zukunft beeinflußt werden. Es geht dem Propheten nicht um Zukunftsaussichten um ihrer selbst willen. Er will mit seinem in die Zukunft gerichteten Wort eine Entscheidung seiner Hörer in der Gegenwart herbeiführen. Das heißt konkret: Hier wird im Namen Jahwes dringend Umkehr verlangt. Das Gefälle des Prophetenwortes in Anklage und Ankündigung erweist sich so als Sicherung eines

Lebens in Gerechtigkeit. Ausdrücklich sagt Amos – ein Wort, das auch von Wolff als Amoswort anerkannt wurde –:

»Ja, so hat Jahwe gesagt für das Haus Israel:
Sucht mich, dann lebt ihr« (5,4).

Die prophetische Kritik des Amos – ähnlich kritische Texte an den gesellschaftlichen Verhältnissen finden sich beim ersten Jesaja und Micha – zeigt nochmals eindringlich, welches Gottesbild das AT beherrscht. Wiederum ist die profane gesellschaftliche Situation nicht ein neutraler Raum, sondern ein Raum, der von Jahwes Willen beansprucht wird. Der Gott, den das AT bezeugt, ist ein Gott, der Recht und Gerechtigkeit in dieser Welt durch seinen Propheten zum Sieg verhilft.

3. *Die prophetische Verkündigung als Sicherung der Zukunft eines Lebens in Gerechtigkeit*

Die prophetischen Bücher enthalten nicht nur die durch Unheilsankündigung Jahwes dringendst gemachte Aufforderung, zu einem von Heil d. h. von Recht und Gerechtigkeit, bestimmten Zustand in Israel zurückzukehren. Sehr viele Texte ermutigen, den Blick auf die Zukunft zu richten. In ihnen ist die Rede von »jenen Tagen«, die Jahwe heraufführen wird. Die meisten dieser Texte stammen aus der Notzeit des Exils, auch wenn sie sich im Bereich der Texte der Propheten des 8. Jahrhunderts finden. Um noch bei Amos zu bleiben: Das Buch schließt mit der Verheißung künftigen Heils für die Hütte Davids. Als dieser Text geschrieben wurde, existierte vom Nordreich, zu dem Amos sich mit seiner Verkündigung gesandt weiß, schon seit über 200 Jahren nichts mehr. Der Text ist aufschlußreich, denn er zeigt Typisches für die von diesen Texten vertretene Zukunftserwartung.

»An jenem Tag richte ich die zerfallene Hütte Davids wieder auf
und bessere ihre Risse aus,
ich richte die Trümmer auf
und stelle alles wieder her wie in den Tagen der Vorzeit.

Sie werden den Rest von Edom unterwerfen
und alle Völker, über denen mein Name ausgerufen ist –
Wort des Herrn, der das alles bewirkt.
Es werden Tage kommen – Wort des Herrn –,
da rückt die Zeit des Pflügens und der Ernte zusammen,
die Zeit des Kelterns und der Aussaat;
da triefen die Berge von Wein,
alle Hügel fließen über.
Dann wende ich das Geschick meines Volkes Israel.
Sie bauen die verwüsteten Städte wieder auf
und wohnen darin;
sie pflanzen Weinberge und trinken den Wein,
sie legen Gärten an und essen die Früchte.
Und ich pflanze sie ein in ihrem Land,
und nie mehr werden sie ausgerissen
aus ihrem Land, das ich ihnen gegeben habe,
spricht der Herr, dein Gott« (Am 9,11–15).

Typisch an diesem Text ist zweierlei: Jahwe allein schafft diesen künftigen Heilszustand. Und dieses Heil ist ein weltliches Heil. Juda wird wieder im Lande wohnen, es wird Frieden genießen. Häuser, Weinberge und Gärten werden nicht mehr zerstört, sie stehen dem Volk zur Verfügung – eine Umkehrung der Gerichtsankündigung von Amos 5,11, die sich an die Oberschicht des Nordreichs wandte. Zu dem weltlichen Heil gehört auch die Wiedererrichtung der Hütte Davids, womit wohl verhüllt auf einen neuen Davididen hingewiesen sein soll. Die Rede ist auch von der Unterwerfung Edoms, das sich in den Tagen des Untergangs von Jerusalem so schändlich verhalten hat.
Dieser Text ist ausdrücklich auf Juda bezogen. Er will denen eine neue Zukunft eröffnen, die in der Notzeit des Exils keine Zukunft mehr erwarten zu können meinen.
Andere Texte nehmen die Erwartung eines neuen Davididen sehr viel deutlicher auf. Der neue Davidide wird ein Reich des Friedens errichten. Dieses Reich wird gestützt sein durch Recht und Gerechtigkeit (Jes 9,5f; 11,3–5 vgl. Ps 72). Sein Friede wird aber nicht nur Israels Zukunft die Gestalt geben, sondern auch andere Völker werden diesen Frieden genießen.

Krieg wird es nicht mehr geben (vgl. Jes 9,4). Jahwe wird bewirken, daß die Völker ihr Kriegsgerät zu Instrumenten der Lebenserhaltung umschmieden (Jes 2,4). So besingt Israel den Gott, der

»den Kriegen ein Ende setzt bis an die Grenzen der Erde;
der die Bogen zerbricht, die Lanzen zerschlägt,
die Schilde im Feuer verbrennt« (Ps 46,10; vgl. ferner Hos 1,5; 2,20).

Die in der Exilszeit plötzlich aufkommenden Aussagen, die Zukunft eröffnen, verarbeiten die vielfältigsten Traditionen. Es ist hier nicht der Ort, sie in allen Einzelheiten auszubreiten. Nur an einige ihrer Themen sei hier erinnert. Bei Deuterojesaja (Jes 40–55) werden die einst David gegebenen Verheißungen auf ganz Israel übertragen (Jes 55,3). Es scheint, als werde es keinen König mehr geben, wenn erst der neue Exodus einmal Wirklichkeit geworden ist. Diese Meinung ist vielleicht auch schon in Hos 2,2 ausgesprochen, wenn es bei bewußter Vermeidung des Titels »König« heißt, Israel und Juda werden sich ein gemeinsames »Haupt« geben. Herrschaft von Menschen über Menschen wird nicht mehr sein. Immer ist in diesen Zukunft eröffnenden Texten mit dem neuen, von Jahwe bewirkten Gottesverhältnis zugleich auch ein radikaler Neubeginn weltlicher Strukturen gegeben. Sogar die Stadt wird von diesem Neubeginn betroffen sein, sie wird bewohnbar und menschlich sein:

»So spricht der Herr: Ich kehre zurück nach Zion und wohne wieder in Jerusalem. Dann wird Jerusalem »Stadt der Treue« heißen und der Berg des Herrn der Heere »Heiliger Berg«. So spricht der Herr der Heere: Greise und Greisinnen werden wieder auf den Plätzen Jerusalems sitzen; jeder hält wegen seines hohen Alters einen Stock in der Hand. Die Straßen der Stadt werden voll Jungen und Mädchen sein, die auf den Straßen Jerusalems spielen« (Sach 8,3–5).

Die Texte sind eine Sicherung der Zukunft für die, die keine Zukunft mehr erwarten zu dürfen meinen. Sie sind eine Garantie für ein Leben in Gerechtigkeit in dieser Welt; sie ermutigen die unbrüderliche, ungerechte und friedlose Gegenwart zu bestehen und motivieren dazu, Herz, Geist, Mut, Energie für eine menschlichere Welt einzusetzen. Wer diesen Texten traut, weiß Gott auf seiner Seite. Bei Rückschlägen in seinem Bemühen braucht er nicht zu verzweifeln. Denn letztlich wird Gott, keiner sonst, den neuen Himmel und die neue Erde erschaffen. Der auf Gott sich Verlassende kann sagen:

»Ich will hören, was Gott redet:
Frieden verkündet der Herr seinem Volke und seinen Frommen ...
Sein Heil ist nahe denen, die ihn fürchten.
Seine Herrlichkeit wohnt in unserem Land!
Es begegnen einander Huld und Treue;
Gerechtigkeit und Friede küssen sich.
Treue sproßt aus der Erde hervor,
Gerechtigkeit blickt vom Himmel hernieder.
Auch gibt der Herr Segen,
und unser Land gibt seinen Ertrag.
Gerechtigkeit geht vor ihm her,
und Heil folgt der Spur seiner Schritte « (Ps 85,9–14).

»Frieden ohne Ende«

Die Friedenstexte in Jes 1–12

Im Jahre 740 v. Chr. wird Jesaja in Jerusalem zum Propheten berufen. Mit seinem im Auftrag Gottes ausgerichteten Wort wird er das Geschick Jerusalems und Judas fast vierzig Jahre lang begleiten. Diese vierzig Jahre der zweiten Hälfte des 8. Jahrhunderts v. Chr. sind durch politische Umwälzungen bestimmt, deren Opfer vor allem die syrisch-palästinischen Kleinstaaten sind. Zu ihnen gehören das syrische Reich mit seiner Hauptstadt Damaskus, das Reich Israel mit der Hauptstadt Samaria und das Reich Juda mit der Hauptstadt Jerusalem. Im Jahre 745 hatte in Assur ein tatkräftiger König den Thron bestiegen, Tiglat-Pileser III. (745–727 v. Chr.), dessen erklärtes Ziel es war, das Großreich Assur wiederherzustellen. Um dieses Ziel zu erreichen, galt es, die im Westen Assurs gelegenen Staaten im syrisch-palästinischen Gebiet zu unterwerfen.

Im Schatten dieser sich ankündigenden kriegerischen Interventionen des Assyrers ereignet sich die Berufung des Jesaja zum Propheten. Jesaja erhebt jedoch zunächst seine kritische Stimme zur innenpolitischen Lage in Jerusalem und Juda. Aus den prophetischen Worten der Frühzeit seiner Verkündigung läßt sich das Bild einer Gesellschaft erheben, die in allen ihren Dimensionen korrupt ist: Jerusalem, die einst so treue Stadt, in der das Recht in voller Geltung war, in der die Gerechtigkeit auch des Nachts ihre bergende Heimstatt hatte – diese Stadt ist zur Hure geworden (vgl. Jes 1,21). In ihr gibt es Menschen, die Haus an Haus reihen und Feld an Feld fügen, so daß sie allein über den gesamten Grundbesitz verfügen, und die vielen übrigen von sich abhängig machen (Jes 5,8). In der zur Hure gewordenen Stadt gibt es Menschen, die es sich bei pompösen Gelagen gut gehen lassen und durch ihren Wohlstand Gott und sein Werk nicht wahrnehmen wollen (Jes 5,11–12). In dieser Stadt gibt es die großen Verkehrer, die das Böse gut und das Gute böse nennen, die die Finsternis zum Licht und das Licht zur Finsternis, das Bittere

süß und das Süße bitter machen (Jes 5,20). In dieser Stadt gibt es Menschen, die derartige Verkehrung noch dadurch stabilisieren, daß sie die Instanz, die Einhalt gebieten könnte – die Rechtsprechung –, von innen heraus aushöhlen: Unheilvolle Gesetze werden erlassen, unerträgliche Vorschriften werden gegeben, um die Schwachen vom Gericht fernzuhalten und den Armen ihr Recht zu rauben, die Witwen auszubeuten, die Waisen auszuplündern (Jes 10,1–2).
Jesaja nimmt diese Verhältnisse aufs Korn. Er schleudert einer ungerechten Gesellschaft seine Kritik um die Ohren. Er erhebt den durchdringenden Schrei der Totenklage über eine Gesellschaft, die noch zu leben meint, in ihrem Kern aber schon längst tot ist. Das Totengerippe dieser Gesellschaft ist aber nicht allein das Resultat eines zwangsläufigen Prozesses, nach dem sich das ausgeübte Unrecht gegen die Täter selbst wendet. Wenn es in Jerusalem Kreise gibt, die Herrschaft über Menschen ausüben und sie versklaven, dann sind diese Kreise vielmehr unerbittlich mit Gott konfrontiert:

»Mein Volk – seine Herrscher sind voller Willkür,
Wucherer beherrschen das Volk.
Mein Volk, deine Führer führen dich in die Irre;
sie bringen dich ab vom richtigen Weg.
Der Herr steht bereit, um Recht zu sprechen;
er steht da, um sein Volk zu richten.
Der Herr geht ins Gericht
mit den Ältesten und den Fürsten seines Volkes:
Ihr, ihr habt den Weinberg geplündert;
eure Häuser sind voll von dem,
was ihr den Armen geraubt habt.
Wie kommt ihr dazu, mein Volk zu zerschlagen?
Ihr zermalmt das Gesicht der Armen –
Spruch des Herrn der Heere« (Jes 3,12–15).

Der Prophet sieht in dem heranrückenden Assyrer das Gericht Gottes. Innenpolitische Verhältnisse werden entlarvt und außenpolitische Konstellationen werden theologisch gedeutet. Gespenstisch ist das Wort, mit dem Jesaja das unaufhaltsame Nahen des assyrischen Heeres als ein »Herbeigepfiffenwerden« durch Gott deutet:

»Er stellt ein Feldzeichen auf
für ein Volk aus der Ferne,
er pfeift es vom Ende der Erde,
und schon kommen sie eilig heran.
Kein Müder ist unter ihnen, keiner, der stolpert,
keiner, der einnickt und schläft.
Bei keinem löst sich der Gürtel von den Hüften,
noch reißt ein Schuhriemen ab.
Ihre Pfeile sind scharf,
alle ihre Bogen gespannt.
Die Hufe ihrer Pferde sind hart wie Kiesel,
die Räder sausen dahin wie der Sturm.
Es ist ein Lärm wie das Brüllen des Löwen,
wie wenn ein Junglöwe brüllt.
Er knurrt und packt seine Beute,
er schleppt sie fort,
und niemand reißt sie ihm weg« (Jes 5,26–29).

Jesaja scheucht die Bevölkerung von Jerusalem und Juda auf. Kein beschwichtigendes, salbungsvolles Wort ist zu hören. Schonungslos spricht Jesaja von Sünde und Unrecht. Schauerlich ist sein Wort vom Gericht Gottes: Krieg – eine Geißel Gottes.
Jesajas Wort ist unter dieser Rücksicht den Worten eines Amos, eines Hosea, eines Micha sehr ähnlich. Es kann kein Reden geben von Frieden, wo keiner ist. Und wenn Leute in solchen Augenblicken von Frieden sprechen, dann nur deshalb, weil sie selbst korrumpiert sind, sich angepaßt haben und die Krise auf die schnelle Tour bewältigen wollen. So wird es treffend ein Jahrhundert später Jeremia formulieren:

»Ja, vom Kleinsten bis zum Größten
sind alle auf Gewinn aus.
Vom Propheten bis zum Priester
betrügen sie alle.
Den Schaden meines Volkes
möchten sie leichthin heilen, indem sie sagen:
Frieden, Frieden! – Aber da ist kein Frieden« (Jer 6,13f).

Ist es das Zeichen der wahren Propheten, jede Sicherheit zu

zertrümmern, jedes Träumen von einem Zustand des Heilseins, des Friedens zu beenden und zur nüchternen Wachheit zu rufen? Ist die schneidende Kritik *das* Kriterium für den echten Propheten, so daß, wer immer von Frieden spricht, sich schon dadurch als falscher Prophet entlarvt?
In keinem prophetischen Buch finden wir so großartige Texte, die von Frieden sprechen, wie im Buch Jesaja. Dieses Thema behandeln nicht nur die Texte, die wir der späten Zeit des ausgehenden Exils zuzuschreiben haben, die des Deuterojesaja (Jes 40–55) und die noch späteren Ergänzungen des Jesajabuches (Jes 56–66), sondern auch solche in dem Bereich, der am ehesten Gut des alten Jesaja aus dem 8. Jahrhundert enthält. Die eindringlichsten Beschreibungen des Friedens finden wir in dem Komplex von Jes 1–12. Hat sich Jesaja, der nicht weniger wirkungsvoll als Amos und Micha das Unrecht seiner Zeit anklagt und Gottes Gericht über dieses Unrecht ankündigt, etwa angepaßt? Ist er ein alter, schwacher Mann geworden, der von Frieden träumt?
Verständlicherweise wollen viele Exegeten die Texte, die in unerhört geschliffener Sprache Frieden beschwören, dem Propheten des 8. Jahrhunderts absprechen. Die Worte, in denen von einem Sproß aus dem Baumstumpf Isais die Rede ist (Jes 11,1–9), ein großes Licht denen, die in der Finsternis sitzen, als Neuanfang beschrieben wird (Jes 8,23b–9,6), der Zion – weit davon entfernt, als Trümmerhaufen dazustehen (vgl. Mich 3,12) – als Anziehungspunkt für die Völker dargestellt wird (Jes 2,1–4), sind in der Tat alle unter der Rücksicht umstritten, ob sie auf den Propheten Jesaja selbst zurückzuführen sind. Kann in der Situation der Propheten des 8. Jahrhunderts überhaupt von Frieden geredet werden?
Und dennoch: Gibt es nicht den Zeitgenossen Hosea aus dem Nordreich, der nicht nur von einem Gericht über die Hure Israel, sondern auch von einer ganz anderen Möglichkeit des zornigen Gottes weiß? Setzt Gott sich nicht leidenschaftlich für sein Volk ein – nicht nur zum Unheil sondern ebenso, ja noch leidenschaftlicher, zum Heil der Hure? Und gibt es nicht bei Hosea Ansagen des Friedens und des Heils, ohne daß er in Verdacht gerät, als einer zu gelten, der der Anpassung zum Opfer fällt (vgl. Hos 2,1–3; 2,20)? Sollten die Propheten

noch ganz anderer Möglichkeiten Gottes innegeworden sein als der Möglichkeit des Gerichts?
Nach meinem Urteil stammen nicht alle Friedenstexte in den Kapiteln 1–12 des Jesajabuches von Jesaja, dem Propheten des 8. Jahrhunderts. Aber auch wenn die Worte aus Jes 9 und Jes 2 nicht Jesaja zum Autor haben, stehen diese Texte doch auf dem Boden der vorangehenden Gerichtsverkündigung. Diese gibt den realen Bezug. Sie macht diese Texte glaubwürdig, weil von vornherein dem Einwand der Wind aus den Segeln genommen wird, es handele sich bei ihnen um pure Phantasie, losgelöst von jeder Wirklichkeit. Diese Texte sind in eine Gegenwart gesprochen und beanspruchen, gehört zu werden. Neuen Mut wollen sie geben im Angesicht großer Not.
Jes 9 und Jes 2 sind höchstwahrscheinlich späteren Datums. Was aber ist mit Jesaja 11? Bei diesem Wort kann man wohl mit jesajanischer Urheberschaft rechnen, obgleich auch das in der Wissenschaft nicht unbestritten ist. Es hieße, die Botschaft auf ein rationalistisches Maß zu reduzieren, wollten wir sie von vornherein auf die Gerichtsankündigung einschränken. So schwierig das Wort auch in die Verkündigung des Jesaja einzuordnen ist, stellt es nicht die Artikulation eines der Wirklichkeit enthobenen Traumes dar, sondern spricht in eine nicht nur rosige Gegenwart. Es mutet seinen Hörern den Glauben zu.
Diese eindringlichen Beschwörungen des Friedens, die die Geschichte Israels vom ausgehenden 8. Jahrhundert bis hin zur exilischen Zeit des 6. Jahrhunderts begleiten, seien etwas genauer betrachtet. Sie sind es wert, denn immer wieder haben sie Menschen Mut gemacht, ihren niedergedrückten Sinn aufgerichtet und ihre Aufmerksamkeit auf die Möglichkeiten Gottes gerichtet.

1. Der Sproß aus dem Baumstumpf Isais: Jes 11,1–9

»Doch aus dem Baumstumpf Isais wächst ein Reis hervor,
ein junger Trieb aus seinen Wurzeln bringt Frucht.
Der Geist des Herrn läßt sich nieder auf ihm:
der Geist der Weisheit und der Einsicht,

der Geist des Rates und der Stärke,
der Geist der Erkenntnis und der Gottesfurcht.
...
Er richtet nicht nach dem Augenschein,
und nicht nur nach dem Hörensagen entscheidet er,
sondern er richtet die Hilflosen gerecht
und entscheidet für die Armen des Landes,
wie es recht ist.
Er schlägt den Gewalttätigen
mit dem Stock seines Wortes
und tötet den Schuldigen
mit dem Hauch seines Mundes.
Gerechtigkeit ist der Gürtel um seine Hüften,
Treue der Gürtel um seinen Leib.
Dann wohnt der Wolf beim Lamm,
der Panther liegt beim Böcklein.
Kalb und Löwe weiden zusammen,
ein kleiner Knabe kann sie hüten.
Kuh und Bärin freunden sich an,
ihre Jungen liegen beieinander.
Der Löwe frißt Stroh wie das Rind.
Der Säugling spielt vor dem Schlupfloch der Natter,
das Kind streckt seine Hand
in die Höhle der Schlange.
Man tut nichts Böses mehr
und begeht kein Verbrechen
auf meinem ganzen heiligen Berg;
denn das Land ist erfüllt von der Erkenntnis des Herrn,
so wie das Meer mit Wasser gefüllt ist.«

Der Text, den man auf Jesaja selbst zurückführen kann, gliedert sich in drei Teile. In den Versen 1–2 wird von dem Sproß, dem Zweig aus dem Baumstumpf Isais und seiner Ausstattung gesprochen; die Verse 3–5 reden von der Tätigkeit dieses Sproßes; die Verse 6–9 artikulieren die Folgen des Wirkens des Sproßes aus Isais Baumstumpf.
Der Text spricht von einer Zukunft. Ein Sproß wird hervorgehen aus dem Baumstumpf Isais. Aus der Wurzel Isais bricht ein neuer Zweig hervor. Der Blick richtet sich auf die Zukunft

der davidischen Dynastie, doch auf eine sehr charakteristische Weise. Von David ist nicht die Rede, sondern vielmehr vom Vater Davids. Auf die allerersten Ursprünge wird zurückgegangen. Das, was gegenwärtig zu sehen ist, ist ein übriggebliebener Baumstumpf mit seinen Wurzeln. Kann ein solcher Baumstumpf noch zu etwas taugen? Ja! Aus der Linie des David, die aber nicht als direkte Fortsetzung der davidischen Dynastie gesehen ist, wird etwas Neues aufbrechen. Der Zweig, der Sproß wird König sein. Denn wenn der Geist Gottes auf einem Menschen ruht, ist das nicht das Alltägliche, sondern das Besondere der Könige. Der neue Sproß wird mit sechs Geistesgaben ausgestattet sein: Weisheit und Einsicht, Planungsvermögen und Kraft, Erkenntnis und Furcht Jahwes. Es sind die Gaben, die für einen König notwendig sind, wenn er regieren will und soll. Salomon hatte von Gott Weisheit erbeten, um ein so großes Volk, wie Israel es damals war, regieren und ihm Recht schaffen zu können (vgl. 1 Kön 3,5–14). Rat – besser: Planungsvermögen – und Kraft deuten wohl auf Fähigkeiten hin, wie sie im Krieg gefordert sind, doch erscheinen sie hier als zivile Gaben Gottes. Der Quellgrund all dieser Gaben aber ist die Furcht des Herrn. Sie alle aber sind eine von Gott gegebene Ausstattung. Gott selbst schafft sich sein Werkzeug für das Wirken an seinem Volk. Im zweiten Abschnitt (V. 3–5) wird erläutert, wie dieser Sproß handeln wird. Das Amt des Richters wird besonders hervorgehoben. Der künftige König wird die Armen und Geringen gerecht richten. Der Gewalttätige wird geschlagen, der Ungerechte wird durch den Hauch seiner Lippen getötet. Gerechtes Richten ist hier als *die* Tätigkeit des neuen Königs gesehen.[1] Rechtsprechung, jene grundlegende Institution, die menschliches Leben in Gemeinschaft sichert, wird wieder funktionieren. Oft hatte Jesaja Gelegenheit, den Finger auf diese Wunde zu legen: die Rechtsunsicherheit gerade für die Menschen, die sich bei der Rechtsprechung nicht helfen konnten (Jes 1,17; 1,21 ff; 5,23). Der neue König wird für die Rechtssicherheit aller, besonders aber der Unterprivilegierten sorgen. Er wird das wahrmachen, was sich Ps 72 für den König wünscht:

»Verleih dein Richteramt, o Gott, dem König,
dem Königssohn gib dein gerechtes Walten!
Er regiere dein Volk in Gerechtigkeit
und deine Armen durch rechtes Urteil.
Dann tragen die Berge Frieden für das Volk
und die Höhen Gerechtigkeit.
Er wird Recht verschaffen den Gebeugten im Volk,
Hilfe bringen den Kindern der Armen,
er wird die Unterdrücker zermalmen« (Ps 72,1–4).

In V. 6–8 wird die Folge solch gerechten Waltens mit dem Bilde des Tierfriedens und des Friedens zwischen Tier und Mensch geschildert. Die Bilder in Jes 11,6–8 sind kunstvoll aufeinander abgestimmt. Die Kombination der beiden Motive, des Tierfriedens und des Friedens zwischen Mensch und Tier, ist auch im Alten Testament nicht singulär (vgl. Hos 2,20; Ez 34,25f; Jes 35,9; Lev 26,6). Die Ansagen für das zukünftige Heil lassen sich von den Schilderungen der Urzeit inspirieren. »Alte Vorstellungen über den heilen Anfang sind also zur Darstellung des ... Friedens verwendet worden. Was einst in der intakten Urzeit heilvolle Wirklichkeit war, wird wiederkehren, wenn ein treuer Hirte der gottgesetzten Ordnungen seines Amtes walten wird.«[3]
Das innere Gefälle von V. 3–5 und 6–8 kann nicht befremden. Wichtig ist: Jesaja schildert die Auswirkungen des Rechttuns dieses neuen Herrschers in diesen Farben des Tierfriedens und des Friedens zwischen Mensch und Tier. Die Abfolge des Stückes ist also eine lebendige Veranschaulichung des Satzes:

»In der Wüste herrscht das Recht,
die Gerechtigkeit wohnt in den Gärten.
Das Werk der Gerechtigkeit wird der Friede sein,
die Früchte des Rechts sind Sicherheit
und ewig dauernde Ruhe« (Jes 32,16–17).

Doch der Text kehrt in V. 9 zur nüchternen Sprache zurück und hebt nochmals heraus, worauf es ankommt: Man wird nichts Böses tun auf dem heiligen Berg Jahwes, weil die Erde voll ist von der Erkenntnis des Herrn. Wo Gott erkannt wird, hat Gewalttätigkeit ein Ende. Frieden wird einkehren.

In dem Text von Jes 11,1–9 wird nur von dem Zustand gesprochen, der durch das gerechte Wirken des mit dem Geist Jahwes begabten neuen Königs für Israel erreicht wird. Der Blick bleibt auf Israel beschränkt.

Ein Seitenblick sei noch auf die Nachinterpretation dieses Stückes geworfen, die sich in Jes 65,16b–25 findet. In Jes 11 kann der menschliche König sich für Recht und Gerechtigkeit einsetzen, weil er von Gott dazu befähigt worden ist. Jes 65 spricht etwas ganz Neues aus. Gott wird »Himmel und Erde«, das heißt alles, neu erschaffen. Er wird Jerusalem erschaffen. Er wird Freude und Jubel schaffen. Gott wird sich über dieses Werk selbst freuen und über das neu geschaffene Jerusalem jubeln. Dort werden die Menschen nicht vorzeitig sterben und es wird kein Weinen mehr geben (V. 19b–20). Es wird Frieden herrschen, da die Menschen ihre Häuser bauen werden, und niemand anders darin wohnen wird. Sie werden pflanzen und selber die Früchte essen (V. 21–22). Das Gottesverhältnis wird intakt sein. Gott selbst wird für die Menschen dasein; noch bevor sie zu ihm rufen, wird er sie erhören (V. 24). Alles geht auf die Schöpfermacht Gottes selbst zurück, Gott wird erschaffend eingreifen und dies wird das vorangegangene Geschehen vergessen machen; des Früheren wird man nicht mehr gedenken (V. 16b).

Diese Nachinterpretation macht noch einmal deutlich: Es ist Gott, der das alles wirkt. Von Gott her kann man so etwas unerhört Neues erwarten, denn er hat die Macht dazu. Wenn Gott im Spiele ist, dann sind diese Vorstellungen und Ansagen keine Kinderbitten mehr, wie sie etwa *Bert Brecht* formuliert:

Die Häuser sollen nicht brennen.
Bomber sollt man nicht kennen.
Die Nacht soll für den Schlaf sein.
Leben soll keine Straf sein.
Die Mütter sollen nicht weinen.
Keiner sollt müssen töten einen.
Alle sollen was bauen
Da kann man allen trauen.
Die Jungen sollen's erreichen.
Die Alten desgleichen.[4]

Jesaja sieht zwar auch einen Menschen am Werk, aber dieser Mensch ist bestimmt vom Geist Gottes. Der Mensch, auf sich selbst und sein Glück bezogen, wird den Frieden allein nicht schaffen können. Sich in die Hände Gottes fallen zu lassen ist allemal besser als in die Hände der Menschen zu geraten (vgl. 2 Sam 24, 14), mögen sich ihre Absichten auch als human darstellen. Zweifel an der Menschlichkeit des Menschen sind angebracht. Nur wenn der Mensch durch Gott zur Humanität angehalten wird, ist Frieden kein unerreichbares Ziel. Denn Gott ist es, der aus dem verrotteten Weltgetümmel etwas ganz Neues zu machen imstande ist. – Von dem, was der Eifer Jahwes vollbringen kann, spricht unser zweiter Text.

2. *Das große Licht: Jes 8,23b–9,6*[5]

»Am Anfang hatte er das Land Sebulon
und das Land Naftali gering gemacht,
danach hat er den Weg zum Meer,
das Land jenseits des Jordan,
das Gebiet der Völker zu Ehren gebracht.
Das Volk, das im Dunkel ging – sie sahen ein großes Licht,
die im Land der Finsternis wohnten
– ein Licht strahlte auf über ihnen.
Du hast des Jubels viel gemacht,
du hast die Freude groß gemacht;
sie freuten sich vor dir wie bei der Erntefreude,
wie sie jubeln beim Beuteteilen.
Ja, das auf ihm lastende Joch
und den Stock, der seinen Rücken traf,
den Stock des Antreibers
– du hast (ihn) zerbrochen wie am Midianstag.
Ja, jeder Stiefel, der dröhnend einherstiefelt,
und jeder Mantel, mit Blut besudelt,
verbrannt wird's werden, ein Fraß des Feuers.
Ja, ein Kind wurde uns geboren,
ein Sohn uns gegeben,
und die Herrschaft kam auf seine Schulter.
Und als seinen Namen verkündete er:

Wunderplaner, heldenhafter Gott,
Vater für immer, Fürst des Friedens.
Groß ist die Herrschaft
und des Friedens kein Ende
auf dem Thron Davids und in seinem Königtum,
da er es festigt und stützt
mit Recht und Gerechtigkeit, von jetzt an für immer.
Der Eifer Jahwes der Heere wirkt dieses.«[6]

Der Text kann nach dem Wechsel von Er- und Du-Stücken gegliedert werden. Es heben sich folgende Partien heraus: Er-Stück V. 8,23 und 9,1; Du-Stück V. 2–4; Er-Stück V. 5–6. In diesem Wechsel von Er-Stück zu Du-Stück und wieder zu Er-Stück sind Elemente zu erkennen, die eine wichtige Rolle im Danklied spielen, wie es der einzelne in Israel vorgetragen und gebetet hat. Der Charakter des Dankliedes wird noch deutlicher, wenn auf die Zeitstufen der Verben in 8,23b geachtet wird: Er hat geringschätzig gehandelt – er hat ehrend gehandelt; beides ist vergangenheitlich. Und doch stehen die beiden Verben in einem Folgeverhältnis zueinander: zuerst – später. Für das Verständnis des Textes entscheidet sich viel daran, wie dieser Vers zu deuten ist. Die jüngste Bearbeitung des Textes sieht in der unterschiedlichen Benennung der Gegenden »Land Sebulon, Land Naftali« einerseits und »die Straße zum Meer, das Land jenseits des Jordan, das Gebiet der Völker« andererseits dennoch dieselbe Gegend, und zwar die Gegend des nördlichen Israel. Wenn Gott zuerst geringschätzig an dieser Gegend gehandelt hat, so kann sich das nur auf das beziehen, was in den Jahren 734 bis 732 geschehen ist, als Tiglat-Pileser III. große Gebiete des Nordreichs abtrennte. Zuletzt hat er, d. h. Gott, dieselbe Gegend zu Ehren gebracht. Wann ist das geschehen? Der Text blickt auf dieses Geschehen bereits zurück. So legt sich nahe, an die Zeit des letzten Drittels des 7. Jahrhunderts zu denken. Damit würde die Regierungszeit des Königs Joschija (640–609 v. Chr.) in Frage kommen. In der Tat ist zur Zeit des Königs Joschija das Assyrerreich im Wanken begriffen. Assur vermag seine besetzten Gebiete nicht mehr botmäßig halten. Joschija kann seine Herrschaft wieder auf ehemaliges israelitisches Reichs-

gebiet ausdehnen, weil der Druck des Assyrerreiches nicht mehr so spürbar ist. V. 23b gibt also die Situation an. Der Text redet von dem Neuen, das schon geschehen ist. Gott hat bereits gehandelt, aber er wird noch weiter handeln.
Das ehrende Handeln Gottes an der Gegend im nördlichen Israel wird nun in großartigen Farben geschildert. Dem Volk, das einst geringschätzig behandelt wurde und in Finsternis wandelte, strahlte ein großes Licht auf. Dann aber geht der Text in die Gebetssprache über, die sich in den Versen 2–4 durchhält. Gott wird angeredet. Er hat die Freude groß gemacht. V. 2 ist ganz auf den Ton dieses Jubels gestimmt. In zwei Anläufen – in V. 3 und V. 4 jedesmal mit der betonenden Partikel »ja« eingeleitet – wird der Inhalt dieser Freude, das auslösende Moment dieses großen Jubels wie bei einer Ernte oder beim Beuteteilen angegeben. Du, Gott, hast zerbrochen das Joch, in das Israel, die nördlichen Distrikte, eingespannt waren. Die Fremdherrschaft der Assyrer wird mit diesem Bild plastisch vergegenwärtigt. Der Stock des Antreibers ist zerbrochen worden. Das ist ein so großartiges Geschehen, wie es die Rettung Israels war, als es aus der Bedrohung der Midianiter durch den von Jahwe berufenen Retter Gideon herausgerissen wurde (vgl. Ri 6–8). Der dröhnende Soldatenstiefel – ein assyrisches Fremdwort – und der mit Blut beschmutzte Mantel werden zum Fraß des Feuers. Eindringlich wird die Kriegsmacht der Assyrer beschrieben, zugleich aber als vernichtet gebrandmarkt. Kriegerische Grausamkeit ist nun vorbei. Das ist der Grund für den Jubel und die Freude.
In V. 5 hebt das letzte Er-Stück an. Die Geburt eines Kindes, eines Sohnes ist schon Vergangenheit, aber seine Herrschaft dauert an. Der erste Teil des Verses bezieht sich eindeutig auf die physische Geburt des Königs Joschija, während im zweiten Teil mit der Nennung der Thronnamen auf die Thronbesteigung abgehoben wird. Die Herrschaft, die auf den Schultern dieses Königs liegt, macht ihn zu einem Friedensherrscher. Die Thronnamen geben an, was in diesem König gesammelt ist: Er ist ein Wunder, etwas, was schlechterdings außerhalb des für Menschen Denkbaren liegt. Er ist ein Gott-Held und ein Vater in Ewigkeit. So ist er geeignet, als Friedensherrscher zu wirken.

Das Stichwort Frieden nimmt dann V. 6 auf und entwickelt es weiter. Die Herrschaft ist groß, der Frieden ist ohne Ende – und das deshalb weil dieser König sein Königreich durch Recht und Gerechtigkeit stützt. Wieder besteht der enge Zusammenhang zwischen Recht und Gerechtigkeit sowie Frieden. Frucht der Gerechtigkeit ist Frieden, der allumfassende Heilszustand zwischen den Menschen. Das ist schon Gegenwart, aber es wird auch für die weite Zukunft gelten. Joschija vermag den geknechteten Gegenden des Nordens Israels neue Hoffnung zu geben, neue Freude. Es ist schon da – aber es wird weiter währen. In der Stunde, da Hoffnung aufschimmert, kommt es zu dieser Artikulation des Dankes und des neuen Ausschauens in die Zukunft.

Was dieser Text sagt, bezieht sich wieder auf Israel. Es geht um die Herrschaft, das Königtum und das Reich Davids. Gott hat gewirkt in dem Sohn, der jetzt die Gegenwart bestimmt. Aber noch mehr: Gott ist wirklich *der Handelnde*. Er war es, als er die in 8,23b genannten Landstriche beugte und geringschätzig behandelte, er war es, der an dem Land ehrend gehandelt hat, er wird es deshalb sein, der auch weiter wirkt – und zwar mit Eifer. Er wird sich verbürgen, daß Frieden ohne Ende gewährleistet bleibt: Frieden als die Frucht von Recht und Gerechtigkeit.

In Jes 8,23b–9,6 haben wir einen Text vor uns, der von der Spannung »schon jetzt – noch ausstehend« lebt. Der Jubel und die Freude über den lichterlohen Brand des dröhnenden Soldatenschuhs und des mit Blut besudelten Mantels sind schon gegeben. Der König herrscht – aber Gott wird weiter wirken; seinem Eifer, das alles zur Vollendung zu bringen, sind noch keine Grenzen gesetzt.

Sprach Jes 11 in eine Situation, die ganz offensichtlich noch von großer Gefahr bestimmt war, so spricht Jes 9 in eine Situation, in der Hoffnung nicht bloß eine Sache der Zukunft ist. Schon kann reale Erfahrung belegen, daß Gott an seinem Volk, das in der Finsternis einherging und vom Stock des Antreibers geknechtet wurde, ehrend gehandelt hat, indem er Frieden auf dem festen Grund von Recht und Gerechtigkeit ermöglicht hat. Das ist wirklich ein Grund der Freude und des Jubels.

3. *Der Zion und die Völker: Jes 2,2–4*

»Am Ende der Tage wird es geschehen:
Der Berg mit dem Haus des Herrn
steht fest gegründet als höchster der Berge;
er überragt alle Hügel.
Zu ihm strömen alle Völker.
Viele Nationen machen sich auf den Weg;
sie sagen:
Kommt, wir ziehen hinauf zum Berg des Herrn
und zum Haus des Gottes Jakobs.
Er zeige uns seine Wege,
auf seinen Pfaden wollen wir gehen.
Denn von Zion kommt die Weisung des Herrn,
aus Jerusalem sein Wort.
Er spricht Recht im Streit der Völker,
er weist viele Nationen zurecht.
Dann schmieden sie Pflugscharen aus ihren Schwertern
und Winzermesser aus ihren Lanzen.
Nicht erhebt Volk gegen Volk das Schwert
und nicht mehr lernen sie den Krieg.«

Der zweifach überlieferte Text bei Jesaja und Micha (4,1–4) läßt nun ein weiteres sehen: Frieden ist nicht nur eine Sache für Israel, sondern auch die Völker werden Anteil an diesem Zustand des Heiles haben.

Der Text gibt sich in seinen ersten Worten als ein eschatologischer Text der Spätzeit zu erkennen: »am Ende der Tage«. Zuerst wird eine physische, kosmische Veränderung genannt. Der Berg des Hauses Jahwes wird fest gegründet dastehen, alle Berge überragend. Der Tempelberg ist kein nennenswerter Berg. Seine natürliche Höhe ist keineswegs imponierend. Aber in der Endzeit wird dieser unscheinbare Berg erhoben sein über die Hügel, er wird die Spitzenstellung unter den Bergen einnehmen. Die Völker werden zum Zion strömen, denn dort werden sie belehrt werden über die Wege Gottes. Vom Zion geht die entscheidende Weisung aus. Streitigkeiten zwischen den Völkern werden geschlichtet werden; der Gerechtigkeit wird zum Siege verholfen werden. Und weil Gerechtigkeit herrschen wird, deshalb wird Frieden

sein. V. 4 bringt auf eindringliche Weise das zum Ausdruck, was Ps 85,11 als den Kuß von Gerechtigkeit und Frieden bezeichnet. Kriegsgeräte werden die Völker umschmieden in Arbeitsgeräte. Volk wird sich nicht mehr gegen Volk erheben. Weder theoretisch noch praktisch werden sie für den Krieg trainieren.
Der Blick in unserem letzten Text richtet sich universal auf alle Völker. Und noch mehr: War in Jes 11 und Jes 9 noch von dem irdischen König die Rede, von einem Sproß aus der Linie des Isai, dem Thronhalter Davids, so werden hier die Völker von Gott selbst belehrt. Von einem König ist nicht mehr die Rede. Auf dem Zion erhalten sie die Weisung, die da lautet: Recht und Gerechtigkeit und darum Frieden. Von selbst kommen sie zwar nicht auf den Gedanken, Kriegsgerät in Friedenswerkzeuge umzuschmieden. Aber belehrt von Gott werden sie es tun; sie selbst werden es tun.
Das ist wie eine große Utopie. Aber Israel hat sich zu keiner Stunde seiner Geschichte Illusionen hingegeben. Wir wissen nicht, wie die Menschen den Text aufgenommen haben, als sie ihn zum ersten Male vernahmen. Aber offensichtlich gab es Menschen, die sich von diesem Text aufrichten ließen. Er diente ihnen dazu, den Blick aus den Niederungen der hoffnungslosen Gegenwart in die Zukunft Gottes zu erheben. Die zweifache Überlieferung des Wortes bei Jesaja und Micha bezeugt etwas Wichtiges: Menschen in Israel haben Gott eine Menge zugetraut. Wenn in den Augen des Menschen das alles zu wunderbar erscheint, muß es in den Augen Gottes auch zu wunderbar sein (vgl. Sach 8,6)?
Für das rechte Verständnis von Jes 2, 1–5 muß aber noch ein letzter Text herangezogen werden: Ps 46. Möglicherweise läßt sich Jes 2, 1–5 von ihm inspirieren. Ps 46 ist ein Text, der den Zion rühmt – nicht um seiner selbst willen, sondern weil Gott mit ihm ist. Hier kommt noch einmal aufs deutlichste die theozentrische Dynamik der Friedensvorstellungen Israels zur Sprache.
Inmitten der kosmischen Erschütterungen fürchtet sich Israel nicht, denn Jahwe ist mit ihm (V. 2–4. 8. 12). Und wenn Völker toben wie die kosmischen Mächte (vgl. V. 4 mit V. 7) – Jahwe ist mit Israel. So lautet die letzte Strophe:

»Kommt, schaut die Taten Jahwes, der
Schaudern Einflößendes setzt auf der Erde:
Er macht einen Sabbat den Kriegen bis an die Enden der Erde.
Bogen zerbricht er, zerschlägt die Lanzen,
Schilde verbrennt er im Feuer« (Ps 46,9f).

Gott selbst wird eingreifen. Er vernichtet das Kriegsgerät. Er selbst ist das Subjekt der Zerstörung der zerstörenden Geräte. Was kann der Mensch tun?

»Laßt ab und erkennt, daß ich Gott bin,
erhaben über die Völker, erhaben auf Erden« (V. 11)

Die Aufforderung ergeht an den Menschen, aktiv schlaff zu werden, sich zu entspannen und zu entkrampfen, damit der Blick, von den Ängsten um sich selbst befreit, sich auf Gott richten kann. Der Mensch soll sich lösen, sich von sich selbst abkehren und zu Gott hin orientieren.

Nicht die eigene Durchsetzungskraft schafft das Leben, sondern gefährdet es. Einen Sabbat für die Kriege gibt es, wenn der Mensch sich losläßt und sich der Erkenntnis Gottes überläßt. Gott wirkt, daß die Menschen erschaudern. Tatsächlich ist das noch nicht gehört worden. Aber Gott ist Gott – er allein. Er macht es. Was Menschen in ihrer Angst um das Leben vergeblich betreiben – nämlich die Sicherung ihres gefährdeten Lebens –, das ist gerade das Pervertierte. Es schlägt zum Gegenteil aus. Frieden macht Gott selbst, wenn nur der Mensch sich der aktiven Schlaffheit befleißigt, damit Erkenntnis Gottes freigesetzt wird.
Der Psalm wiederholt es:

»Jahwe der Heere ist mit uns.
Eine Burg ist uns der Gott Jakobs« (V. 8.12).

Das Mitsein Gottes läßt den Menschen in diesen Texten nicht die Artikulation unrealistischer Träume sehen. Die Entkrampfung des Menschen im Glauben an Gott erlaubt ihm die Hoffnung auf einen Sabbat vom Kriege.
Der an Jesus Christus Glaubende liest diese Texte noch einmal mit ganz anderer Intensität. Sie sind nicht überholt, keine obsoleten Phantasiegebilde. Jesus Christus schafft Frieden

vor Gott, und er schafft Frieden unter den Menschen. Denn in Jesus Christus leuchtet das Antlitz des Vaters auf. Dem aktiven Schlaffwerden, dem aktiven Sich-zur-Ruhe-Bringen, dem Glauben, sind neue Wege eröffnet: Erkenntnis Gottes ist nun noch einmal ganz neu möglich geworden, weil Gott mit dem Menschen ist. Und Erkenntnis Gottes ist Bedingung und Chance des Friedens.

»Wirst du an den Toten Wunder tun, werden Schatten aufstehen, um dich zu preisen?«

Die Haltung Israels im Angesicht des Todes

»Auf das Land ohne Wiederkehr, das Reich der Ereschkigal (=Göttin der Unterwelt),
richtete Ischtar (=babylonische Liebes- und Kriegsgöttin) ihr Sinnen und Trachten.
Ja, die Tochter Sins (=babylonischer Mondgott) richtete ihr Sinnen und Trachten
auf das dunkle Haus, den Wohnort der Irkalla (=Ereschkigal),
auf das Haus, das keiner verläßt, der es betreten hat,
auf die Straße, auf der es keinen Weg zurück gibt,
auf das Haus, in dem die Eintretenden des Lichtes beraubt sind,
wo Staub ihre Speise und Lehm ihre Nahrung ist,
wo sie kein Licht sehen, sitzend in Finsternis,
wo sie gekleidet sind wie Vögel, mit Flügeln als Kleidern,
und wo über Tür und Schloß Staub gestreut ist.
Als Ischtar das Tor des Landes ohne Wiederkehr erreichte,
sagte sie diese Worte zu dem Torwächter.«[1]

Diese Zeilen bilden den Eingang des babylonischen Mythos, der in der Forschung den Titel »Ischtars Abstieg in die Unterwelt« trägt. Sie müssen im mesopotamischen Kulturkreis als eine klassische Beschreibung des Todesreiches gegolten haben. Als dem Enkidu, dem Freund des Gilgamesch, der »Mann mit dem düsteren Antlitz« erscheint, ihn ganz und gar verwandelt, so daß ihm die Arme wie Vögeln befiedert sind, ihn anfaßt und zum »Haus der Finsternis«, »der Wohnung Irkallas« führt, wird genau dieser Passus zitiert.[2] Das Gilgamesch-Epos und der Mythos von dem Abstieg der babylonischen Liebes- und Kriegsgöttin Ischtar in das Reich des Todes haben denn auch als vorzügliche Quelle unserer Kenntnis von

den Vorstellungen des mesopotamischen Menschen über den Tod und das Reich des Todes zu gelten.
Was ist hier gesagt? Wenn der Mensch stirbt, dann tritt er ein in das Land ohne Wiederkehr, er betritt ein Haus, das er nie wieder verlassen wird, eine Straße, auf der es keinen Weg zurück gibt. Mit diesen eindrucksvollen Worten kommt etwas von der Unwiderruflichkeit des Todes zum Ausdruck. Aber noch mehr: Der Mensch, der stirbt, tritt in einen Bereich ein: in ein Land, ein Haus. Der Tod ist kein Zustand, sondern der Tod ist ein Ort, an den man versetzt wird, ohne daß es die Möglichkeit gibt, sich von diesem Ort wieder zu entfernen. Dieser Ort ist ohne Licht. Das Reich des Todes ist das Haus der Finsternis, das dunkle Haus.
Die Toten führen ein Dasein, das durch die Minimalisierung dessen charakterisiert wird, was menschliches Leben ausmacht. So etwa essen die Toten Staub und Lehm. Wie es scheint, ereignet sich im Totenreich aber auch eine Umkehrung der Lebensverhältnisse: Was einst groß und mächtig war, wird nun zum Diener degradiert:

»Wo ich eingetreten, im Hause des Erdstaubs,
sind gestürzt die Throne,
liegen am Boden die Königsmützen.
Die Fürsten, die Träger von Königsmützen,
die seit der Vorzeit das Land beherrschten,
die Stellvertreter von
Anu (=Himmelsgott) und Enlil (=Gott des Luftraumes),
sie tragen auf gebratenes Fleisch,
tragen Gebäck auf,
kredenzen Wasser aus Schläuchen, kühles.«

An diesem Ort sind unterschiedslos alle versammelt. Kein Großer ist ausgenommen. Jeder Mensch betritt diesen Bereich:

Wo ich eingetreten im Hause des Erdstaubs,
wohnen Hohepriester und Ministranten,
wohnen Reinigungspriester, Geweihte,
wohnen die gesalbten Priester der großen Götter.«[3]

Die Toten im Totenreich sind isoliert und können miteinander nicht in Kommunikation treten. Sie dämmern vor sich hin. Das läßt sich vielleicht der Stelle entnehmen, an der Gilgamesch seinen Freund Enkidu auf die Gesetze aufmerksam macht, die in der Unterwelt gelten und die Enkidu nicht übertreten darf:

»Wenn du in die Unterwelt hinabsteigen willst,
dann mußt du meinen Rat dir gut zu Herzen nehmen:
Ein reines Gewand darfst du nicht anziehen;
sonst erkennen sie, daß du (dort) ein Fremder bist!
Darfst dich mit gutem Öl aus der Büchse nicht salben –
sonst scharen sie sich zu dir, sobald sie es riechen!
...
Schuhe darfst du nicht tun an die Füße,
Lärm in der Unterwelt darfst du nicht machen;
dein Weib, das du liebtest, darfst du nicht küssen,
dein Weib, dem du gram warst, darfst du nicht schlagen,
dein Kind, das du liebtest, darfst du nicht küssen,
dein Kind, dem du gram warst, darfst du nicht schlagen:
Sonst wird dich der Aufschrei der Erde packen!
Ihr, die da ruht, ... (=die Totengottheit),
ihr bedeckt die reinen Schultern kein Kleid,
ihre Brüste sind wie Schalen unbekleidet.[4]

Was sich aus dem Mythos von Ischtars Abstieg in die Unterwelt und dem Gilgamesch-Epos über das Reich der Toten erheben läßt, mag durchaus nur ein schmaler Ausschnitt der im mesopotamischen Bereich gängigen Vorstellungen sein. Es gibt Hinweise auf Vorstellungen, die nicht mit denen übereinstimmen, die wir eben kennengelernt haben. Was sich aber doch durchhält bei aller Verschiedenheit der konkreten Ausformung der Vorstellungen von der Totenwelt ist das: Diese Welt wird von einer Göttin beherrscht. Im Gilgamesch-Epos und in dem Mythos »Ischtars Abstieg in die Unterwelt« heißt sie Ereschkigal; der Name ist übersetzbar: »die Herrin des großen Ortes tief unten«, Herrin der Unterwelt. Im Mythos ist sie die ältere Schwester der Ischtar. Sie herrscht über die Welt der Toten. Die großen Götter haben hier keine Macht mehr. Steht das Leben der Menschen unter der Herrschaft der Götter in einem großen Pantheon, so gibt es im Reich der Toten dazu ein Gegenbild. Auch dieses Reich ist beherrscht von einem Götterpantheon, an deren Spitze Ereschkigal steht.

Diese Vorstellungen wurden deswegen kurz erwähnt, weil sie uns helfen können, in etwa zu ermessen, was das Alte Testament über den Tod sagt. Das Alte Testament gibt uns – wie für so vieles – keine *Definition* für das, was wir Tod nennen. Der Tod ist ein Datum, das an anderen wahrgenommen wird. Zunächst wird einfach der Tod eines Menschen festgestellt. Die wohl ältere Redewendung »sich zu seinen Vätern legen« (Gen 47,30; 2 Sam 7,12; 1 Kön 1,21 2,10; 11,21.43; 14,20.31) und die jüngere »zu den Vorfahren versammelt werden« (Gen 25,8.17; 35,29; 49,29.33) mögen ursprünglich einfach die Bestattung im Grabe der Familie gemeint haben, ehe sie Ausdrücke wurden, die den Tod umschreiben. Ähnliches gilt von dem Ausdruck »zu seinen Vätern kommen« (Gen 15,15). Diese so häufig im Alten Testament vorkommenden Wendungen verweigern jedoch eine Auskunft darüber, wie dieses »sich zu den Vätern legen«, »zu den Vorfahren versammelt werden« gedacht werden kann.
Neben diesen Ausdrücken, die auffallend nüchtern und illusionslos den Tod benennen, gibt es Texte, in denen wir eine nicht zu übersehende Nähe zu den mesopotamischen Vorstellungen antreffen. Es sind die Texte, die von der Scheol, dem Ödland sprechen. Das Wort ist seiner Etymologie nach durchaus unerklärt; plausibel ist immerhin der Vorschlag, einen sprachlichen Zusammenhang mit dem hebräischen Zeitwort »schā'ah, öde« zu sehen.
Das Substantiv Scheol begegnet 66mal im AT. Wir finden es viermal in den älteren Schichten der Genesis (37,35; 42,38; 44,29.31). Das Wort taucht hier auf, bleibt aber in seinem Bedeutungsgehalt unerklärt. Eindeutig ist nur: Zur Scheol steigt man hinunter (yārad), und die Scheol wird als etwas Räumliches vorgestellt. Die Hälfte der Belege für dieses Wort findet sich in den poetischen Texten, in den Psalmen, im Buch Ijob und im Buch der Sprichwörter. Gerade hier wird die Scheol auch näher beschrieben. Die parallelen Aussagen zu mesopotamischen Vorstellungen fallen auf. Als klassischer Beleg hat Jes 14 zu gelten. Der Text stellt mit höchster dichte-

rischer Kraft den Fall eines mesopotamischen Potentaten als Ankunft in die Unterwelt dar:

»Das Totenreich drunten gerät in Erregung
bei deinem Erscheinen.
Deinetwegen weckt man die Toten auf,
alle Fürsten der Erde,
alle Könige der Völker müssen sich erheben
von ihren Thronen.
Sie alle rufen dir zu:
Auch du bist nun kraftlos geworden wie wir,
jetzt bist du uns gleich.
Hinabgeschleudert zum Totenreich ist deine Pracht
samt deinen klingenden Harfen.
Auf Würmer bist du gebettet, von Maden bedeckt« (Jes 14,9–11).

Zweifellos artikuliert die Vorstellung von der Scheol etwas von dem Grauen vor dem Tod, wenn auch in Jes 14 diese Vorstellung ironisierend verwendet wird. Daß man im Totenreich ruht, daß alle dort sind, Große und Unbedeutende, spricht Ijob aus, wenn er sich wünscht, doch sofort nach seiner Geburt gestorben zu sein:

»Warum starb ich nicht vom Mutterschoß weg,
kam ich aus dem Mutterleib hervor
und schied nicht gleich dahin?
Weshalb nur kamen Knie mir entgegen,
wozu Brüste, daß ich daran trank?
Still läge ich jetzt und könnte rasten,
entschlafen wäre ich und hätte Ruhe,
bei Königen, bei Ratsherren im Land,
die Grabkammern für sich erbauten,
oder bei Fürsten, reich an Gold,
die ihre Häuser mit Silber gefüllt.
Wie die verscharrte Fehlgeburt wäre ich nicht mehr,
Kindern gleich, die das Licht nie geschaut.
Dort hören Frevler auf zu toben,
dort ruhen aus, deren Kraft erschöpft ist.
Auch Gefangene sind frei von Sorgen,
hören nicht mehr die Stimme des Antreibers.

Klein und groß ist dort beisammen,
der Sklave ist frei von seinem Herrn« (Ijob 3,11–19).

In diesem Wunsch Ijobs, sofort nach seiner Geburt in das Totenreich eingegangen zu sein, werden verschiedene Charakteristika der Unterwelt genannt: Im Reich der Toten herrscht Ruhe. Unterschiedslos sind dort alle Menschen zusammen. Es gibt keine Menschenklassen. In der Unterwelt ist der Quälerei der Menschen durch Menschen und – in den Augen Ijobs – durch Gott ein Ende bereitet. Ist das nicht ein beruhigendes Bild von der Unterwelt, der Welt der Toten, das eine Existenz darstellt, die der elenden Ijobs bei weitem vorzuziehen ist? Ijob äußert wiederholt den Wunsch, lieber tot zu sein, als das elende Leben zu führen, das ihm aufgezwungen ist (vgl. 7,15). Aber zugleich wird der Wunsch laut, hier in der Welt in Ruhe, unbehelligt von Gott zu leben, ehe er in das Reich der Toten hinabsteigt, das das Reich ohne Licht ist:

»Warum ließest du mich aus dem Mutterschoß kommen,
warum verschied ich nicht, ehe mich ein Auge sah?
Wie nie gewesen wäre ich dann,
vom Mutterleib zum Grab getragen!
Sind nicht wenig die Tage meines Lebens?
Laß ab von mir, daß ich ein wenig heiter blicken kann,
bevor ich fortgehe ohne Wiederkehr
ins Land des Dunkels und des Todeschattens,
ins Land, so finster wie die Nacht,
wo Finsternis herrscht und keine Ordnung,
und wenn es leuchtet, ist es wie tiefe Nacht« (Ijob 10,18–22).

Das Bild von der Totenwelt, das Ijob zunächst so beruhigend erschien in seinem Schmerz, wird hier als das Reich des Dunkels schlechthin beschrieben.

»Nur noch wenig Jahre werden kommen,
dann beschreite ich den Pfad,
auf dem man nicht wiederkehrt« (Ijob 16,22).

Wie Ijob 10,21 erinnert auch diese Stelle an den Anfang des Mythos »Ischtars Abstieg in die Unterwelt«. Noch einmal spricht Ijob von der beängstigenden Wirklichkeit der Totenwelt:

»Ich habe keine Hoffnung.
Die Unterwelt (Scheol) wird mein Haus,
in der Finsternis breite ich mein Lager aus.
Zur Grube rufe ich: Mein Vater bist du!,
Meine Mutter, meine Schwester!, zum Wurm.
Wo ist dann meine Hoffnung
und wo mein Glück? Wer kann es schauen?
Fahren sie zur Unterwelt mit mir hinab,
sinken wir vereint in den Staub?« (Ijob 17,13–16).

Die Vorstellung von der Scheol wird in den poetischen Texten breit entfaltet. In ihr sammelt sich das Grauen und die Angst des alttestamentlichen Menschen vor dem Tod. Scheol bedeutet, wie im mespotamischen Mythos, eine Straße, auf der es kein Zurück gibt, einen Bereich, in dem schlechthinnige Finsternis herrscht. Im Unterschied aber zum mesopotamischen Mythos steht dieser Bereich des Dunkels in keiner Verbindung zu Jahwe und hat vor allem auch sonst keinen Herrscher. Keine Macht, kein zweiter Gott herrscht im Gegenüber zu Jahwe im Totenreich.
Das Alte Testament verfügt also über gewisse, wohl teilweise auch aus der umgebenden Völkerwelt übernommene Vorstellungen von dem, was im Tod geschieht. Aber Israel sakralisiert dieses Ereignis in keiner Weise. Die Versuchung war groß, sich mit der Welt der Toten in Verbindung zu setzen. Das beweisen die scharfen Absagen an Beschwörungspraktiken in den Gesetzessammlungen (Dtn 14,1f; 18,11; Lev 19,27f.31; 20,6.27). Der Versuchung ist man aber auch erlegen. Das zeigen die Polemiken der Propheten (Jes 8,19f; 28,15ff; vgl. 1 Sam 28: die »geglückte« Totenbeschwörung!). Der Tod und der Tote gewinnen keine religiöse Dignität. Deshalb wird das Phänomen Tod ganz weit ins Profane verlegt. Um kultisch wieder rein zu werden, bedarf es besonderer Waschungen (vgl. Lev 11,32–35; Num 19,1ff.17; besonders Num 19,11).
Ist also der Tod des Menschen völlig profan gesehen, wird er durch keinerlei Weihe in einen sakralen Bereich einbezogen, so daß er etwas von seiner Schrecklichkeit verlöre – denn als Herr des Schreckens wird der Tod immerhin apostrophiert

(Ijob 18,14) –, so erhebt sich um so brennender die Frage, wie Israel mit diesem Phänomen fertig geworden, wie seine Haltung im Angesicht dieses Phänomens ist? Schon einige Hinweise konnten gegeben werden: Das Alte Testament nennt das Sterben einfach und nüchtern »sich zu den Vätern legen« und weiß zugleich etwas von der Schrecklichkeit und dem Grauen, der Gottferne, in die der Mensch beim Tod eintritt. So soll zunächst die Gelassenheit Israels im Angesicht des Todes (1.), sodann die Angst Israels im Angesicht des Todes (2.) und schließlich die Hoffnung Israels im Angesicht des Todes (3.) betrachtet werden.

1. Die Gelassenheit Israels im Angesicht des Todes

In der Pentateuchschicht, die wir Priesterschrift (P) nennen, begegnet das Verbum »sterben« zum ersten Mal in einem Stück, das durch das Verbum »segnen« seine Perspektive erhält. Die Priesterschrift beginnt mit dem großen Schöpfungstext in Gen 1, 1–2,4a und hat ihre Fortsetzung in Gen 5,1ff. Hier wird zunächst der Segen, den Gott dem Menschen verliehen hat, erneuert:

»Das ist die Liste des Stammbaumes Adams: Am Tag, da Gott den Menschen erschuf, machte er ihn in der Gestalt Gottes. Als Mann und Frau erschuf er sie, er segnete sie und nannte sie Mensch an dem Tag, da sie erschaffen wurden« (Gen 5,1–2; vgl. 1,28).

Nach diesem den Horizont des ganzen Textes absteckenden Satz folgt nun in immer gleich gebauten Sätzen die Genealogie:

»Adam war hundertdreißig Jahre alt, da zeugte er einen Sohn in seiner Gestalt, wie sein Abbild, und nannte ihn Set. Nach der Geburt Sets lebte Adam noch achthundert Jahre und zeugte Söhne und Töchter. Die gesamte Lebenszeit Adams betrug neunhundertdreißig Jahre; dann starb er. Set war hundertfünf Jahre alt, da zeugte er Enosch. Nach der Geburt des Enosch lebte Set noch achthundertsieben Jahre und zeugte Söhne und Töchter. Die gesamte Lebenszeit Sets betrug neunhundertzwölf Jahre; dann starb er« (Gen 5,3–8).

Diese Genealogie hat etwas sehr Wichtiges zu unserem Thema zu sagen. Der Tod gehört zum menschlichen Dasein. Er bildet das letzte Aussageglied, das von einem Menschen gemacht werden kann. Gelassen wird wahrgenommen, daß der Mensch stirbt und einer neuen Generation Platz macht. Kohelet wird es lapidar auf den Satz bringen:

»Eine Generation geht, die andere kommt« (Koh 1,4a).

Schon die Form der Genealogie bedingt die große Ruhe, in der von dem letzten Widerfahrnis des Menschen gesprochen wird. Nach der Lebenserstreckung, die ihre Höhepunkte in der Zeit hat, in der der Mensch Nachkommen zeugt, stirbt er. Alles, was in dieser Genealogie gesagt wird, ist aber als Explikation des Segens zu verstehen, der dem Menschen von Gott gegeben wird. Der Mensch steht unter dem Segen Gotes – auch wenn sein Leben endet mit dem Tod.
Daß diese Interpretation der Genealogien bei P richtig ist, beweist der Blick auf die Stellen, in denen die Priesterschrift vom Tod der Erzväter spricht. Diese Passagen sind wiederum sehr stilisiert und strahlen eine große Ruhe aus:

»Das ist die Zahl der Lebensjahre Abrahams: hundertfünfundsiebzig Jahre wurde er alt. Dann verschied er. Er starb in hohem Alter, betagt und lebenssatt, und wurde zu seinen Vorfahren versammelt. Seine Söhne Isaak und Ismael begruben ihn in der Höhle von Machpela« (Gen 25,7–9a).
»Isaak wurde hundertachtzig Jahre alt, dann verschied er. Er starb und wurde zu seinen Vorfahren versammelt, betagt und satt an Jahren. Seine Söhne Esau und Jakob begruben ihn« (Gen 35,28f).
»Und die Tage Jakobs, seine Lebensjahre, betrugen hundertsiebenundvierzig« (Gen 47,28b).
»Jakob beendete den Auftrag an seine Söhne und zog seine Füße auf das Bett zurück. Dann verschied er und wurde zu seinen Vorfahren versammelt« (Gen 49,33).
»Und seine Söhne taten an Jakob so, wie er ihnen aufgetragen hatte« (Gen 50,12).

Es sind gerade diese Partien der Priesterschrift, die zu dem Urteil geführt haben: »Dem Menschen des Alten Testaments sagt man nach, daß er sein Sterbenmüssen ohne Aufbegehren im Gehorsam gegenüber der Wirklichkeit des Todes hingenommen habe. Wer die Zahl seiner Lebenstage erfüllt, legt sich zu seinen Vätern, geht in ›Vollreife zum Grabe ein, gleichwie die Garbe eingebracht wird zu ihrer Zeit‹ (Ijob 5,26) ... Diese offene, nüchterne Einstellung zum Tod vom Ideal eines in der Gemeinschaft mit Jahwe erfüllten Lebens her verleiht der Anthropologie Israels unter den vergleichbaren Äußerungen des Alten Orients ihr besonderes Profil.«[5]
Nicht nur die Priesterschrift, die jüngste der Pentateuchschriften, stellt das Sterben der Patriarchen auf so eindrucksvolle Weise dar. Auch von Ijob (42,17) und von David (1 Chr 29,28) wird dasselbe gesagt: Sie sind lebenssatt gestorben. Aber auch die alten Erzählungsschichten lassen Jakob im Kreis seiner Söhne nach einem erfüllten Leben sterben. Jakob hat Josef wiedergesehen. Nun kann er ruhig sterben (Gen 46,30; vgl. Gen 47,29–50,11.14). Solche Gelassenheit des Sterbens, im Bewußtsein, das gelebt zu haben, was einem zustand, kommt auch in den Worten anderer Sterbender zum Ausdruck: »Ich betrete jetzt den Weg aller Welt«, so beginnen im deuteronomistischen Geschichtswerk Josua (Jos 23,14) und David (1 Kön 2,2) ihre Abschiedsreden. Und auch Samuel kann unbefangen davon sprechen, er sei alt und grau geworden und habe nun vom Leben nicht mehr viel zu erwarten, dafür aber um so Entscheidenderes der nach ihm kommenden Generation zu sagen (1 Sam 12,2). Das ganze Buch Deuteronomium – als Rede des Mose stilisiert, die er vor Überschreiten des Jordan noch im Westjordanland an Israel richtet – schließt mit dem lapidaren Bericht vom Tod des Mose und seinem Begräbnis. Doch sein Grab kennt niemand (Dtn 34,5). Der Segen des Mose (Dtn 33) wird mit dem Zeitpunkt unmittelbar vor seinem Tod in Zusammenhang gebracht (Dtn 33,1).
Solche gelassene Haltung gegenüber dem Todesgeschick des Menschen findet sich auch in zahlreichen Texten weisheitlicher Prägung. Das Wort der weisen Frau aus Tekoa, das sie eigentlich so nebenhin spricht: »Wir sterben und sind wie

ausgeschüttetes Wasser, das nicht mehr eingesammelt werden kann« (2 Sam 14,14), ist von dieser Geisteshaltung geprägt. Der Tod ist das ganz und gar nicht Ungewöhnliche, das den Menschen betrifft. So gibt es gerade in weisheitlich geprägten Texten eine Vielzahl von Belegen, die von der Vergänglichkeit des Menschen sprechen, ohne daß doch eine Klage über diese grundsätzliche Verfaßtheit des Menschen zu spüren ist (vgl. Jes 40,7f; Ijob 14,1f.7.11f; Sir 41,3f).
Die Haltung der Gelassenheit des alttestamentlichen Menschen gegenüber dem Tod sei nochmals durch einen Vergleich des Gilgamesch-Epos mit den Aussagen des Kohelet verdeutlicht. Der zweite Teil des Gilgamesch-Epos ist zentriert um die Figur des Gilgamesch, der durch den Tod seines Freundes Enkidu, mit dem er große Heldentaten vollbracht hat, äußerst verstört ist. Der Tod dieses Menschen, an dem das Herz des Gilgamesch hängt, setzt in Gilgamesch ganz neue Fragen frei. Getrieben von der Angst vor dem eigenen Tod macht er sich auf den Weg nach dem Leben. Er wandert und hat schon die Grenzen der bewohnten Welt erreicht, als er zu der Schenkin Siduri gelangt, »die da wohnt in des Meeres Abgeschiedenheit«. Es kommt zu einer denkwürdigen Begegnung und einem noch denkwürdigeren Gespräch. Nachdem Gilgamesch sich vorgestellt hat als der Vollbringer großer Taten, fragt Siduri verwundert, warum denn seine Wangen abgezehrt seien, sein Antlitz gebeugt, sein Herz traurig und seine Züge verlebt seien. Darauf gibt Gilgamesch diese Antwort:

»Mein Freund, den ich über die Maßen liebte.
der mit mir durch alle Beschwernisse zog;
Enkidu, den ich über die Maßen liebte,
der mit mir durch alle Beschwernisse zog –
er ging dahin zur Bestimmung der Menschheit.
Um ihn hab ich Tag und Nacht geweint,
ich gab nicht zu, daß man ihn begrübe –
ob mein Freund nicht doch aufstände
von meinem Geschrei –
sieben Tage und sieben Nächte,
bis daß der Wurm sein Gesicht befiel.

Seit er dahin ist, fand ich das Leben nicht,
strich umher wie ein Räuber inmitten der Steppe.
Nun, Schenkin, hab' ich dein Antlitz erblickt –
möchte ich den Tod, den ich fürchte, nicht ersehen!«

Darauf antwortet die Schenkin Siduri:

»Gilgamesch, wohin läufst du?
Das Leben, das du suchst, wirst du nicht finden!
Als die Götter die Menschheit erschufen,
teilten den Tod sie der Menschheit zu,
nahmen das Leben für sich in die Hand.
Du, Gilgamesch – dein Bauch sei voll,
ergötzen magst du dich Tag und Nacht!
Feiere täglich ein Freudenfest!
Tanz und spiel bei Tag und Nacht!
Deine Kleidung sei rein, gewaschen dein Haupt,
Mit Wasser sollst du gebadet sein!
schau den Kleinen an deiner Hand,
die Gattin freu' sich auf deinem Schoß!
Solcher Art ist das Werk der Menschen!«[6]

Die Schenkin gibt Gilgamesch eine Antwort, die man als typisch weisheitlich bezeichnen kann. Sie tut Gilgamesch dar, was er eigentlich längst wissen müßte. Der Tod gehört zum Leben des Menschen. Deshalb ist es dem Menschen angemessen, sich des Lebens zu erfreuen. Aber diese Antwort ist provoziert durch die Klage eines Menschen, der gegen dieses Geschick, sterben zu müssen, aufbegehrt. Sie versucht, die nackte, ganz elementare Angst, wie der Freund sterben zu müssen, zu beschwichtigen. Doch gelingt dieser Versuch nicht. Gilgamesch setzt schließlich seinen Weg auf der Suche nach dem vom Tod nicht mehr gefährdeten Leben fort. Seine Suche wird erfolglos bleiben.
Rund 1000 Jahre später wird Kohelet fast dieselben Ratschläge wie die Schenkin Siduri geben. Kohelet weiß:

»Alles hat seine Stunde. Für jedes Geschehen unter dem Himmel gibt es eine bestimmte Zeit:
eine Zeit zum Gebären
und eine Zeit zum Sterben« (Koh 3,1f).

Von dieser Einsicht her kommt Kohelet immer wieder zu dem praktischen Rat:

»Ich hatte erkannt: Es gibt kein Glück für den Menschen, es sei denn ein jeder freut sich, und so verschafft er sich Glück, während er noch lebt. Aber immer, wenn ein Mensch ißt und trinkt und durch seinen ganzen Besitz das Glück kennenlernt, ist auch das ein Geschenk Gottes« (Koh 3,12f; vgl. 2,24f).

Kohelet hat seinen Ausgangspunkt durchaus bei dem, was überhaupt das Alte Testament zu seiner Gelassenheit gegenüber dem Tod befähigte: das nicht mehr weiter zurückführbare Faktum, daß es für den Menschen wie für alles, was ihn umgibt, eine bestimmte Zeit gibt und eben auch eine Zeit für das Sterben. Aber so ganz einfach ist die Annahme solcher Einsicht für Kohelet nicht. Er sieht im Tod des Menschen den großen Gleichmacher, und gerade das ist für ihn ein Problem:

»Das ist das Schlimmste an allem, was unter der Sonne getan wird, daß alle ein und dasselbe Geschick trifft« (Koh 9,3).

Alle sterben gleichermaßen: der Gesetzestreue und der Gesetzesbrecher, der Gute und der Böse, der Reine und der Unreine, der Opfernde und der Nichtopfernde. Dem Guten ergeht es wie dem Sünder, dem Schwörenden ebenso wie dem, der den Schwur scheut (vgl. Koh 9,2).Hier wird auf massive Weise Kritik an der weisheitlichen Lehre geübt, die da sagt, dem Guten gehe es gut und dem Bösen schlecht. Gegen diese Lehre steht die Gleichheit aller im Tod. So bleibt Kohelet nur noch das Plädoyer für das Auskaufen der dem Menschen gegebenen Zeit:

»Also: iß freudig dein Brot und trink vergnügt deinen Wein, denn alles, was du tust, hat Gott längst so festgelegt, wie es ihm gefiel. Trag jederzeit frische Kleider, und nie fehle duftendes Öl auf deinem Haupt. Mit einer Frau, die du liebst, genieß das Leben alle Tage deines Lebens voll Windhauch, die Gott dir unter der Sonne geschenkt hat, alle deine Tage voll Windhauch. Denn das ist dein Anteil am Leben und an dem Besitz, den du dir unter der Sonne selbst erarbeitest. Al-

les, was deine Hand zu tun vorfindet, tu mit deiner ganzen Kraft. Denn es gibt weder Tun noch Rechnen noch Können noch Wissen im Totenreich, in das du bald gehen wirst« (Koh 9,7–10 vgl. 11,7ff).
»Wer unter die Lebenden eingereiht ist, der kann noch Zuversicht haben. In der Tat, ein lebender Hund ist immer noch besser als ein toter Löwe. Die Lebenden erkennen wenigstens, daß sie sterben werden. Die Toten aber erkennen überhaupt nichts mehr« (Koh 9,4–5a).

Derselbe Rat, wie ihn Kohelet gibt, wird auch dem Gilgamesch von der Schenkin Siduri gegeben. Doch für Gilgamesch kann dieser Rat nichts bedeuten. Er geht weiter seinen Weg, auf dem er verzweifelt das Leben sucht. Kohelet – noch in später Zeit des Alten Testaments – beruhigt sich mit diesem Rat. Das ist vor allem auffällig, weil die Annahme dieses Todesgeschickes längst nicht mehr so unproblematisch für Israel und auch für Kohelet selbst ist. Denn er sieht den Tod nicht mehr bloß als das Ende eines erfüllten Lebens, sondern als den Gleichmacher, der alle in dieselbe Lage bringt, gute und böse Menschen. Das ist ein Skandal, denn die Lehre ist durch Erfahrung allzuoft falsifiziert worden. Gerade durch die Lehre vom Tun–Ergehen–Zusammenhang gerät die gelassene Haltung Israels im Angesicht des Todes nicht wenig ins Wanken. Für Kohelet aber bleibt trotz dieser Problematisierung dies gültig: Der Tod ist unausweichlich, darum genieße die dir zubemessenen Lebenstage.
Für diese gelassene Haltung gegenüber dem Tod des Menschen im Alten Testament hat man verschiedene Gründe zur Erklärung angeführt. Man hat auf die nomadische vorgeschichtliche Existenz Israels verwiesen, die in dieser Haltung noch nachwirke. Das Leben geht weiter in der Sippe; um die Toten kann man sich nicht kümmern, da die Wanderung die Kleinviehnomaden von den Grabstätten der Ahnen fortführt. Totenkult ist ein Bestandteil seßhafter Frömmigkeit. – Als weiteren Grund hat man den beständigen Abwehrkampf Israels gegen die Sakralisierung des Totenreiches durch die kanaanäische Umwelt angeführt. Mit der gelassenen Haltung gegenüber dem Tod grenze sich Israel von den religiösen Vor-

stellungen seiner Umwelt ab. – Ferner dürfte das anthropologische Fundament, das vom Jahwisten bis zu Kohelet und Jesus Sirach verbindlich bleibt, hier eine Rolle gespielt haben: Der adam (Mensch) als lebendes Wesen besteht aus der Verbindung des leblosen Staubes der adama (Ackererde) mit dem Lebenshauch Jahwes. Solcher in Jahwes Schöpferhandeln gegründete »Materialismus« nimmt dem Menschen jede göttliche Dignität und dem Tod alles Numinose, das zur Beschäftigung mit ihm reizt. – Und schließlich mag die starke Glaubensorientierung an Jahwes Geschichtshandeln mit dem erwählten Volk in Heil und Gericht den postmortalen Bereich des Individuums zunächst weitgehend als Vakuum belassen haben. Nur diese Kollektivorientierung macht wohl das ungeklärte Verhältnis Israels zur Totenwelt so lange für religiöses Denken erträglich.[7]

2. *Die Angst Israels im Angesicht des Todes*

Das Bild von der Einstellung Israels zum Tod wäre aber tatsächlich sehr verkürzt, wenn wir es bei der Feststellung beließen, daß Israel den Tod gelassen als etwas Naturgegebenes, Unabänderliches angesehen hat. Israel hat im Gegenteil auch den Tod des Menschen erfahren als etwas, das nicht selbstverständlich, ganz und gar nicht einsichtig ist, und hat sich gegen dieses Verhängnis gewehrt, es problematisiert, seine Ängste artikuliert. Diese Ängste mögen literarisch erst in späterer Zeit ihre Spuren hinterlassen haben, aber sie sind da.
Häufig wird gesagt, Israel habe sich nur gegenüber dem Tod, der ein erfülltes Leben beschließt, gelassen verhalten. Nur der Tod des alten Menschen nach einem gesegneten Leben sei für Israel kein Problem. Zum Problem werde der Tod erst, wenn er ein Leben unerfüllt läßt und einen Menschen zur Unzeit, zu früh erreicht.
In der Tat wird der Tod im Alten Textament, durch zwei Faktoren zum Problem, das den Menschen in die Angst treibt. Die Darstellung dessen, was im Tod mit dem Menschen geschieht, sein Eingehen in die Scheol, machte bereits deutlich, wie gerade in diesen Vorstellungen von der Totenwelt das

Grauen vor dem Tod sich ausdrückte. Was im Tod geschieht, ist nicht nur das Sichlegen zu den Vätern, sondern es ist das Betreten eines Bereiches, aus dem es kein Zurück gibt, der schlechthinniges Dunkel ist. Sicher ist die Scheol ein Bereich, in den man mit dem biologischen Tod eintritt, ohne ihn jemals verlassen zu können. Den alttestamentlichen Menschen beunruhigt besonders, daß dieser Bereich, obwohl er eine klare Grenze hat, dennoch oft diese Grenze zu überschreiten imstande ist. Der Bereich des Todes, die Scheol, vermag sich bis weit in das Leben hinein zu erstrecken. Das Grauen des Todes kann sich über den kranken Menschen breiten. Das Reich des Todes kann sich in jeder Lebensminderung wie Anfeindung, Unglück, Gottverlassenheit in diesem Leben des Menschen manifestieren. Und so sind die Klagelieder des Einzelnen voll von den Schreien vor dem Grauen des Todes. Die Beter schreien, weil sie das Überschwappen des Todes in ihren Lebensbereich erreicht hat – sei es durch Krankheit, sei es durch falsche Anklage, sei es durch Hunger, sei es durch sonst eine Minderung der Existenz. Geradezu dramatisch artikuliert Ps 18 dieses Übergreifen des Todesbereichs in das Leben des Beters:

»Mich umfingen die Fesseln des Todes,
mich erschreckten die Fluten des Verderbens.
Die Bande der Unterwelt umstrickten mich,
über mich fielen die Schlingen des Todes« (Ps 18,5f; vgl. Ps 116,3).

Das In-Berührung-Kommen des alttestamentlichen Menschen mit dem Bereich des Todes setzt die Klage frei. So sind die Klagen Jakobs um Josef zu verstehen (vgl. Gen 37,33–35), so die Klage des David um seinen Sohn Abschalom (2 Sam 19,1–5). Die wohl erschütterndste Artikulation von Angst vor dem Tod aber findet sich in Psalm 88, der deswegen kurz besprochen sei. Er mag außerdem noch einmal deutlich machen, was Tod im Alten Testament bedeutet.
Der Text gliedert sich in drei große Abschnitte: V. 2–10a; 10b–13 und V. 14–19. Jeder dieser Teile enthält zu Beginn die Anrufung des Jahwenamens und außerdem eine Formulierung, die das Beten zu Gott ausdrückt. Im übrigen kehrt die

letzte »Strophe« (V. 19) zum Ende der ersten »Strophe« (V. 9) zurück.
Die erste Strophe bringt in der Form der Klage so etwas wie eine »Definition« des Todes:

»Meine Seele ist gesättigt mit Leid,
mein Leben ist dem Totenreich nahe,
schon zähle ich zu denen, die hinabsinken in die Grube,
bin wie ein Mann, dem alle Kraft genommen ist.
Ich bin zu den Toten hinweggerafft (?)
wie Erschlagene, die im Grabe ruhen.
An sie denkst du nicht mehr,
denn sie sind deiner Hand entzogen.
Du hast mich in die tiefste Grube gebracht,
tief hinab in finstere Nacht« (Ps 88,4–7).

Dieser Beter ist nicht tot. Aber er ist ein Sterbender von Jugend an (V. 16). Sein Leiden beschreibt er als Berührung mit der Scheol (V. 4). Dann folgen die Bestimmungen der Scheol als Grube und Grab, in denen man als Mensch ohne Kraft eine Schattenexistenz führt. Diese Grube ist der Ort der Finsternis.
Aber darüber hinaus vergißt Jahwe die Menschen in diesem Bereich. Er gedenkt ihrer nicht mehr. Sie sind von seiner »Hand« abgeschnitten. Jahwe hat mit dem Reich der Toten nichts zu tun. Wie Jahwe mit der Welt der Toten nicht in Verbindung steht, so steht umgekehrt der Tote nicht mehr in Verbindung mit Jahwe: Der Tote kann nicht mehr Jahwe preisen. Und so gibt die zweite Strophe V. 11–13 eine funktionale Definition der Totenwelt, die in immer neuen Wendungen beschworen wird:

»Wirst du an den Toten Wunder tun,
werden Schatten aufstehn, um dich zu preisen?
Erzählt man im Grab von deiner Huld,
von deiner Treue im Totenreich?
Werden deine Wunder in der Finsternis bekannt,
deine Gerechtigkeit im Land des Vergessens?« (V. 11–13).

Die Antworten auf diese Fragen sind: Nein. Die Toten, die Schatten, die Leute ohne Kraft können dies alles nicht tun. Sie können Jahwe nicht mehr im Kult preisen. Das Land des Vergessens ist auch der Ort, wo das Lob Gottes unmöglich ist. Der Beter will mit diesen Appellen, auch wenn sie in Fragen geformt sind, Jahwe zum Einschreiten bewegen. Denn noch hat er ja die endgültige Grenze nicht überschritten, sein Leben hat nur die Scheol gestreift (V. 4), noch kann Jahwe sich seiner erinnern, ehe es ganz zu spät ist.

Aber der Text endet trostlos. Mein Vertrauter ist die Finsternis – dasselbe Wort wie in V. 7, nur hier im Singular und deshalb noch desolater; keine Finsternisse, die man deshalb unterscheiden könnte, weil sie durch einen Lichtschimmer voneinander abgesetzt wären. Die Angst vor dem Tod im Alten Testament ist bedingt durch die Aussichtslosigkeit, die in dieser Welt des Todes herrscht. Keine Möglichkeiten erscheinen mehr am Horizont.

Die Angst vor dem Tod kommt deshalb so erschütternd zur Sprache, weil der Tod für das Verständnis des Alten Testaments weit in die Lebenssphäre des Menschen hineinreicht, und Gott im Bereich des Todes fehlt.

Die Angst vor dem Tod artikuliert sich aber auch in weisheitlich bestimmten Texten. Israel scheint den Tod gefaßt angenommen zu haben, wenn dieser Tod das Ende eines erfüllten Lebens darstellte. Zwar hat sich David mit dem Tod des Kindes, das ihm Batseba gebar, abgefunden (vgl. 2 Sam 12,15–23), aber im allgemeinen wurde nur der Tod als Ende eines voll ausgelebten Lebens als unproblematisch angesehen (vgl. 2 Sam 19,32ff). Eine große Belastungsprobe bedeutete für eine derartige Anschauung deshalb die Lehre vom Tun-Ergehen-Zusammenhang, nach der richtiges, gemeinschaftsgemäßes, gerechtes Verhalten vor Gott und den Menschen auch ein ruhiges, glückliches und langes Leben gewährleistet. Wer unter die Kategorie der »Frevler« einzureihen ist, der kann eigentlich nur mit einem unglücklichen Leben rechnen, das auch bald abgeschnitten wird. Diese Lehre ist auch umkehrbar: Aus dem Tatbestand, daß es einem Menschen gut geht, kann man auf seine Unschuld, seine »Gerechtigkeit« schließen, aus dem Tatbestand, daß es einem Menschen schlecht geht, auf seine Schuld und Ungerechtigkeit. Erst spät wird diese Lehre in Israel einer ebenso gründlichen wie vernichtenden Kritik unterzogen. Das Buch Ijob, das Buch Kohelet und einige Psalmen (49; 73) sind die literarischen Zeugnisse für diese Auseinandersetzung. Nach der Lehre der Freunde, mit der sie Ijob bis zum Überdruß plagen, steigt der gute Mensch bei voller Kraft in hohem, gesegnetem Alter ins Grab, so wie man die Garben häuft zu ihrer Zeit (5,26). Die Bösewichte aber haben kein gutes Schicksal:

»Wächst ohne Sumpf das Schilfrohr hoch,
wird Riedgras ohne Wasser groß?
In Blüte und noch nicht gemäht,
verwelkt es schon vor allem Gras.
So enden alle, die Gott vergessen,
des Ruchlosen Hoffen wird zunichte.
Er steht im Saft vor der Sonne,
seine Sprossen überwuchern den Garten,
im Geröll verflechten sich seine Wurzeln,
zwischen Steinen halten sie sich fest.
Doch Gott tilgt ihn aus an seiner Stätte,
sie leugnet ihn: Nie habe ich dich gesehen« (Ijob 8,11–13. 16–18).

Ijob kann dieser, auf Erfahrung scheinbar so gut begründeten Lehre nur wiederum Erfahrungen entgegenhalten:

»Warum bleiben Frevler am Leben,
werden alt und stark an Kraft?
Ihre Nachkommen stehen fest vor ihnen,
ihre Sprößlinge vor ihren Augen.
Ihre Häuser sind in Frieden, ohne Schreck,
die Rute Gottes trifft sie nicht« (Ijob 21,7–9).

Tatsächlich wird die Lehre der Freunde, bei der man sich eigentlich über das Faktum des Todes beruhigen könnte, so oft Lügen gestraft. Daß ein Mensch, der sich keiner Schuld bewußt ist, so mit dem Tod und seinen sich ins Leben erstrekkenden Wirkungen konfrontiert wird, daß einen gerechten Menschen der Tod trifft und zwar zur Unzeit – das lehrt den alttestamentlichen Menschen den Tod fürchten. Denn der Tod macht alles zunichte; es gibt keine Chance, diese Ungleichheit über den Tod hinaus zu korrigieren. Ijob führt von

diesem klaren Bewußtsein aus seinen Rechtsstreit, damit er hier in dieser Welt, diesseits der Todesgrenze, Recht oder Unrecht bekomme.
Diese spät in Israel formulierten Fragen dokumentieren die Angst vor dem Tod. Die Gelassenheit im Angesicht des Todes ist vorbei. Es steht die Angst auf – aber mit der Angst auch neue Hoffnung.

3. Die Hoffnung Israels im Angesicht des Todes

Der eben etwas ausführlicher bedachte Psalm 88 endete trostlos: mein Vertrauter – Finsternis. Dieser Text stellt unter den Klageliedern des Einzelnen im Psalter einen Sonderfall dar. Alle anderen Psalmen, die man dem Texttyp »Klagelied des Einzelnen« zuzuordnen hat, kennen gegen Ende das Phänomen des »Stimmungsumschwungs«. Dieses Phänomen hat die Forschung auf vielfältige Weise zu erklären gesucht: durch den institutionellen Vorgang des priesterlichen Heilsorakels; durch die »Erhörungsgewißheit« als allgemein in der Religionsgeschichte beobachtbares Phänomen des Betens; durch die Behauptung, der den Stimmungsumschwung enthaltende Teil stelle ein eigenes Gedicht dar. Ps 88 ist das einzige Klagelied, das ohne diesen Stimmungsumschwung endet. So sehr aber Ps 88 auf höchst eindringliche Weise die Angst des Beters im Angesicht des Todes artikuliert, gibt der Text dennoch einen Hinweis darauf, wie der alttestamentliche Beter sich in dieser Angst verhalten hat: Er hat zu jemandem geredet. Neben der erschütternden Trostlosigkeit ist diese beständige Anrede Jahwes das hervortretende Charakteristikum dieses Psalms. Inhaltlich kennt er keine Hoffnung; Hoffnung kommt vielmehr allein darin zum Ausdruck, daß der Beter seine Klage vor Jahwe ausbreitet, seine Hoffnungslosigkeit zum Gegenstand der Anrede Jahwes macht, was immer dann passieren mag. Man hat nicht ohne Grund diesen Text mit den Reden des Ijob in der Ijobdichtung in Zusammenhang gebracht. Und gerade in diesem beständigen Anreden Gottes im klagenden Gebet ist der Ansatz gegeben, das Todesgeschick des Menschen zu bewältigen.

Im Beten, wie es uns der Psalter bezeugt, läßt sich die Bewältigung des theologischen Vakuums, das der Tod des Menschen schafft, verfolgen: vom Ausgangspunkt, daß Jahwe sich um die Toten nicht kümmert, seine Macht vor den Toren der Scheol aufhört (vgl. Ps 88, 6; Ijob 14, 13), bis zum Endpunkt, daß Jahwe auch in der Scheol Macht hat (Am 9, 2) und gegenwärtig ist (Ps 139, 8); vom Ausgangspunkt, daß die Toten Jahwe nicht preisen können (vgl. Ps 6, 6; 30, 10; 88, 11–13; 115, 17; Jes 38, 18), bis zu der Grenzaussage als Endpunkt, daß auch die Verstorbenen zur Anbetung Jahwes aufgerufen sind (Ps 22, 30). Wie ist der alttestamentliche Beter zu diesem Weg gekommen? Was hat ihn auf diesen Weg gebracht?
Wie schon gesagt, ist für das alttestamentliche Verständnis der Tod nicht nur eine Grenze, die man überschreitet, sondern erstreckt sich weit in das Leben. Aus den Psalmen läßt sich folgender Gedankengang erheben: In jeder Gefährdung des Lebens erreicht den Beter der Tod (vgl. Ps 56, 14; Jon 2, 3). Seine Klage mündet in die Bitte um die Rettung aus dem Tod (vgl. Ps 71, 20). Nach erfahrener Rettung aus der Not preist der Beter Gott als den, der aus der Welt des Todes befreit:

»Herr, mein Gott, ich habe zu dir geschrien,
und du hast mich geheilt,
Herr, du hast mich herausgeholt
aus dem Reich des Todes,
aus meinem Hinabfahren in die Grube
mich zum Leben gerufen« (Ps 30, 2f).
»Ja, du hast mein Leben dem Tod entrissen,
meine Tränen getrocknet,
meinen Fuß bewahrt vor dem Gleiten.
So gehe ich meinen Weg vor dem Herrn
im Lande der Lebenden« (Ps 116, 8–9).
»Ich werde nicht sterben, sondern leben,
um die Taten des Herrn zu verkünden.
Der Herr hat mich hart gezüchtigt,
doch er hat mich nicht dem Tod übergeben« (Ps 118, 17f).

Solche Erfahrungen können weiterführen und haben weitergeführt zu der Gewißheit, daß Jahwe nicht nur dem Menschen den Zeitpunkt des Todes bestimmt (Ps 88,7; Ps 22,16), sondern daß er, der einzige Gott, tötet und lebendig macht. Der Hymnus formuliert:

»Jahwe gibt Tod und Leben
stürzt in die Scheol und führt herauf« (1 Sam 2,6).
»Jetzt seht: ich bin da, nur ich,
und kein Gott tritt mir entgegen.
Ich bin es, der tötet und der lebendig macht.
Ich habe verwundet und werde wieder heilen.
Niemand kann mir etwas aus der Hand reißen« (Dtn 32,39).

Ähnliches wird auch in dem Bußgebet des Volkes artikuliert, das Hosea, wenn auch nicht nur im positiven Sinne, überliefert. Für den Propheten ist diese Buße zu leicht und schnell:

»Kommt, wir kehren zum Herrn zurück!
Denn er hat uns Wunden gerissen, er wird uns auch heilen;
er hat verwundet, er wird auch verbinden.
Nach zwei Tagen gibt er uns das Leben zurück,
am dritten Tag richtet er uns wieder auf,
und wir leben vor seinem Angesicht« (Hos 6,1–2).

Jahwes Macht erstreckt sich über die Welt des Todes, er kann dem Tod den Stachel nehmen (vgl. Hos 13,14).
Der Beter im Alten Testament erfährt Gott als den Helfer aus drohender Gefahr, den Helfer vor dem Andringen des Todesreiches, vor allem im kultischen Vollzug. Hier ist ihm Gott als die Quelle des Lebens erfahrbar:

»Gott, wie köstlich ist deine Huld!
Die Menschen bergen sich im Schatten deiner Flügel,
sie laben sich am Reichtum deines Hauses
du tränkst sie mit dem Strom deiner Wonnen.
Denn bei dir ist die Quelle des Lebens,
in deinem Licht schauen wir das Licht« (Ps 36,8–10).

Die Gegenwart Gottes als Erfahrung im Kult vermag das Todesgeschick des Menschen ganz zu verdrängen. Seine Gefährdung durch den Tod wird beseitigt durch die alles, sogar das Leben überragende Erfahrung der Huld und Gemeinschaftstreue Gottes:

»Darum halte ich Ausschau nach dir im Heiligtum,
um deine Macht und Herrlichkeit zu sehen.
Denn deine Huld ist besser als das Leben;
darum preisen dich meine Lippen« (Ps 63,3–4).

Weil Gott dem durch den »Tod« gefährdeten Menschen nahe ist und geholfen hat, verläßt er auch nicht den Menschen, wenn er endgültig die Schwelle vom Leben zum Tod überschreitet. So ergibt sich eine gegenläufige Bewegung: Der Tod, der außerhalb des Bereiches Jahwes liegt, dringt in den Bereich des Lebens ein. Jahwe aber, der im Leben gegenwärtige und zu feiernde, läßt diese Todeserfahrung im Leben des Beters als im Glauben bewältigbar erscheinen. Von der Erfahrung der Rettung aus der Todesnot erwächst die Gewißheit, daß Jahwe auch in der Scheol »da ist« (vgl. Ps 139,8). Die Hoffnung des alttestamentlichen Beters im Angesicht des Todes ist in der Erfahrung des Mitseins Gottes auch in der äußersten Gefährdung begründet.

Für den alttestamentlichen Menschen wird der Tod nicht nur in der Todesnot selbst zum Problem, sondern auch und verschärft durch die Lehre der Weisheit. Der Mensch soll durch Rechttun sein Leben sichern. Doch im Buch Ijob, im Buch Kohelet und in einigen Psalmen ist der Tun-Ergehen-Zusammenhang zu einem brüchigen Fundament geworden. Es dürfte möglich sein, auch Ps 16 hier einzuordnen. Der Psalm stellt sich in seiner jetzigen Fassung als ein Vertrauenslied dar. Leider ist sein Anfang (V. 2–4) so verdorben, daß der Sinn nicht mehr sicher erfaßt werden kann. Möglicherweise stellt er die Haltung der Gottlosen der des Beters gegenüber. Jedenfalls ist die Gewißheit des Beters nicht zu erschüttern:

»Du, Herr, gibst mir das Erbe und reichst mir den Becher;
du hältst mein Los in deinen Händen.
Auf schönem Land fiel mir mein Anteil zu.
Ja, mein Erbe gefällt mir gut.
Darum freut sich mein Herz und frohlockt meine Seele;
auch mein Leib wird wohnen in Sicherheit.
Denn du gibst mich nicht der Unterwelt preis;
du läßt deinen Frommen das Grab nicht schauen.

Du zeigst mir den Pfad zum Leben,
vor deinem Angesicht herrscht Freude in Fülle,
zu deiner Rechten Wonne für alle Zeit« (Ps 16,5–6. 9–11).

Sehr viel dramatischer konfrontiert der Beter – hier sehr weisheitlich orientiert – von Ps 49 das Geschick derer, die reich und mächtig, dabei aber Sünder sind, mit seinem eigenen. Er stellt in Rechnung, daß alle Menschen sterben und keiner seinen zusammengerafften Reichtum mit in das Grab nehmen kann. Alle Menschen trifft das Todeslos (V. 6–13, 14–15. 17–21). Doch inmitten dieser Überlegungen fällt der Satz, der des Beters Glauben formuliert:

»Doch Gott wird mich loskaufen aus dem Reich des Todes,
ja, er nimmt mich auf« (Ps 49,16).

Der Bekenntnissatz gibt keine Auskunft darüber, wie das geschehen wird. Der Beter aber rechnet mit einer dauernden Lebensverbundenheit mit Gott. Wie solches vorstellbar ist, darüber schweigt er. Dieselbe »Lösung« des Problems »Tod« gibt dann auch Psalm 73. Den Frevlern geht es gut. Diese Tatsache falsifiziert den Tun-Ergehen-Zusammenhang. Sie macht einem nicht nur theoretische Schwierigkeiten, sondern gibt Anlaß, sich zu ereifern und dabei existentiell zu scheitern (V. 2–3a. 13–22; vgl. Ijob 21,5–6) Schließlich ringt sich der Beter zu dem entscheidenden Bekenntnis durch:

»Doch ich bin stets bei dir,
du hast meine Rechte gefaßt.
Nach deinem Rat führst du mich,
und mit Ehre nimmst du mich hin.
Wen hätte ich im Himmel?
Und neben dir begehre ich nichts auf Erden.
Mag auch schwinden mein Fleisch und mein Herz,
mein Fels und mein Teil ist Jahwe für immer« (Ps 73,23–26).

Der Text endet mit dem erneuten Bekenntnis zur Gemeinschaft mit Jahwe:

»Ich aber – die Nähe Gottes ist mir Glück.
Ich setzte auf den Herrn Jahwe mein Vertrauen,
um zu verkünden all deine Taten« (Ps 73,28).

Für den alttestamentlichen Menschen bewährt sich die glaubende Gewißheit, daß Gott nahe ist, auch im Angesicht des Todes. Mit ihr hat sich der Mensch des Alten Testaments beruhigt. Weil Israel in äußerster Todesgefahr die Gegenwart Jahwes erfuhr (vgl. Jes 43,1–3; Ps 66,9–12), erstand die Überzeugung, daß diese Nähe Gottes auch über den Tod des Menschen hinaus dauert.

Doch die Falsifizierung des Tun-Ergehen-Zusammenhangs läßt das gläubige Nachdenken nicht wirklich zur Ruhe kommen. Die späte Weisheit Israels wird durch Übernahme von Elementen griechischer Auffassungen über die Unzerstörbarkeit der Seele des Menschen auf einen neuen Weg geführt. Kohelet ist Zeuge dafür, daß in der Zeit, ehe sich das vorchristliche Judentum vom Hellenismus absetzte – also im 3. Jahrhundert v. Chr. – die Auffassung von der Unzerstörbarkeit der Seele im Tode des Menschen bekannt war, auch wenn er diese Auffassung ablehnt (Koh 3,19–21). Das Buch der Weisheit jedoch nimmt sie auf und gewinnt aus ihr eine neue Lösung des den Menschen so verstörenden Problems. Wenn es dem Guten auf Erden schlecht geht, wird er *nach seinem Tod* volle Entschädigung für sein Leiden erfahren. Das große Stück Weish 1,13–3,12, das möglicherweise durch die grundsätzlichen Aussagen 1,13–15 und 2,23–24 in zwei Einheiten gegliedert wird, stellt ein Kompendium dessen dar, was in den Psalmen 49,73 und im Buch Kohelet zum Nachdenken herausforderte. Weish 1–3 zeigt dann auch eine ganz neue Möglichkeit, die von Ijob formulierten Fragen zu beantworten.

Noch auf einen letzten Bereich des alttestamentlichen Schrifttums ist ein kurzer Blick zu werfen: die Prophetie. Die nachexilische Prophetie ist bestimmt von überwältigenden Darstellungen künftigen Heils. Aber ein Leben über den Tod hinaus – wie auch immer vorgestellt – kommt nicht in den Blick. Zeichen der Heilszeit ist das hohe gesegnete Alter der Menschen:

»Denn ich erschaffe einen neuen Himmel
und eine neue Erde.
Man wird nicht mehr an das denken, was früher war,

man wird sich daran nie mehr erinnern.
Nein, ihr sollt euch ohne Ende freuen und jubeln
über das, was ich erschaffe.
Denn ich mache aus Jerusalem eine Stadt des Jubels
und aus seinen Einwohnern ein Volk der Freude.
Ich will über Jerusalem jubeln
und mich freuen über mein Volk.
Nie mehr hört man dort Weinen und Klagen.
Dort gibt es kein Kind mehr, das nur wenige Tage lebt,
und keinen Greis, der nicht das höchste Alter erreicht;
wer als Hundertjähriger stirbt, gilt noch als jung,
und wer nicht hundert Jahre alt wird, gilt als verflucht.
In meinem Volk werden die Menschen so alt wie die Bäume«
(Jes 65,17–20.22b).

Das neue Jerusalem ist bestimmt von dem Bild alter Menschen, die zufrieden den spielenden Kindern auf den Plätzen zusehen (Sach 8,4–5).
Gewähren derartige Bilder des Heils keinen Ausblick auf ein vor dem Tode endgültig gesichertes Leben, so finden sich in den gerade noch zur Schrift gehörenden apokalyptischen Texten einige wenige Stellen von großem Gewicht. Lapidar heißt es in der Jesaja-Apokalypse:

»Er (=Jahwe) beseitigt den Tod für immer.
Gott, der Herr, wischt die Tränen ab von jedem Gesicht«
(Jes 25,8a).

Der Satz »Er beseitigt den Tod für immer«, könnte ein späterer Zusatz sein, denn er sprengt den Zusammenhang von V. 7 und V. 8a. Das ganze Stück (V. 6–8) beschreibt, wie die Völker genauso wie Israel durch Mahlgemeinschaft in die Gottesgemeinschaft aufgenommen werden.
In Jes 26,14 findet sich der Satz:

»Die Toten werden nicht leben,
die Verstorbenen stehen nie wieder auf;
denn du hast sie bestraft und vernichtet,
jede Erinnerung an sie hast du getilgt.«

In dieser Aussage wird noch einmal das formuliert, was uns

bei der Bestimmung des Todes schon begegnete. Als Antithese muß der Vers Jes 26,19 angesehen werden, der allerdings textlich nicht klar ist:

»Leben sollen deine Toten, meine Leiche(n) auferstehen!
Erwacht und jubelt, ihr Bewohner des Staubes!
Denn Tau der Lichter (?) ist dein Tau,
so daß die Erde die Schatten gebiert.«[8]

Der Text – in sich selbst schwer zu fassen – steht isoliert zum Kontext, nur sein Bezug als Gegensatz zu 26,14 ist eindeutig. Immerhin dürfte er an der Grenze des Alten Testaments den Glauben an die Auferstehung der Toten bezeugen. Nochmals findet sich solches in Dan 12,1–3, wobei auch sprachlich eine Nähe zu Jes 26,19 besteht:

»Von denen, die im Land des Staubes schlafen, werden viele erwachen, die einen zu ewigem Leben, die andern zur Schmach, zu ewigem Abscheu« (Dan 12,2).

Die Auferstehungshoffnung rückt im 2. Makkabäerbuch genau in den Zusammenhang ein, den das Buch Ijob und die Psalmen 49 und 73 herstellen: In den Religionskämpfen unter Antiochos IV. Epiphanes (175 v. Chr.) wird nur zu deutlich, daß der, der sich anpaßt, einem Geschick des Leidens entgeht, wer sich aber am Glauben orientiert, Leiden bis zum Tod zu gewärtigen hat. In dieser Situation ist die Hoffnung auf die Auferstehung das Motiv, dem überlieferten Glauben treu zu bleiben:

»Gott hat uns die Hoffnung gegeben, daß er uns wieder auferweckt. Darauf warten wir gerne, wenn wir von Menschenhand sterben. Für dich aber gibt es keine Auferstehung zum Leben« (2 Makk 7,14).

Was in Weish 2–3 mit Hilfe des Gedankens von der Unzerstörbarkeit der Seele im Tod des Menschen eine Lösung gefunden hatte, wird beim Tod der sieben Brüder und ihrer Mutter mit der Hoffnung auf die Auferstehung der Toten bewältigt.

Die skizzenhafte Darstellung der Haltung Israels zum Tod

mag vielleicht die Frage aufkommen lassen, wie es denn möglich war, »daß so lange eine so aufrichtige und ernsthafte Frömmigkeit«, wie sie im Alten Textament bezeugt ist, »den Glauben an eine persönliche Fortdauer ... hat entbehren können«.[9] Sie würde erneut das Vorurteil des Christen bestätigen, das W. Zimmerli einmal so formuliert hat: »Die Eigenart, daß das Alte Testament, abgesehen von einigen Randaussagen, in seinen Erwartungen die Schwelle der Diesseitigkeit nicht überschreitet« und »die aus dem Alten Testament ein in ganz besonderem Maße diesseitsgebundenes, ›weltliches‹ Buch macht, ist immer wieder mit einer gewissen Verlegenheit registriert worden. Man hat darin eine von den Grenzen des Alten Testaments gesehen, die es im Vergleich zum Neuen Testament zu einem Buche minderen Ranges macht.« Ist das Alte Testament gerade in dieser Hinsicht »ein deutlich unterchristliches Buch«?[10]

Ich denke, daß der Realismus und die Nüchternheit, mit denen das Alte Testament dem Tod entgegensieht, und die Artikulation der Angst vor dem Tod als dem gräßlichen Ereignis, das sich bis in das Leben hinein erstreckt, auch dem Christen noch wertvoll und bedeutungsvoll sind. Denn dieses Buch – so scheint mir – legitimiert den Menschen zur Klage, und es weist ihn auf den hin, an den er seine Klage im Angesicht des Todes richten kann. Aus der klagenden Anrede, die Glauben anfanghaft schon voraussetzt, kann die gläubige Gewißheit aufbrechen: Wir werden immer mit dem Herrn sein (vgl. Ps 73,23). Dem Christen ist durch die Auferstehung Jesu neue Hoffnung auf Leben gegeben. Wenn man sie auf ihren theologischen Kern durchleuchtet, so bleibt auch hier dies: Wir werden immer mit dem Herrn sein (1 Thess 4,17).

Hinführung zum Psalter

Klage und Hymnus

»Gebetswert – Null!« Dieses Urteil, refrainartig am Schluß der Analyse so mancher Psalmen wiederholt, scheint für einige ältere geistliche Mitbrüder, denen ich begegnen durfte, die einprägsame Quintessenz einer vor geraumer Zeit gehaltenen Vorlesungsreihe über die Psalmen gewesen zu sein. Sobald ich mich als Alttestamentler vorstellte, erhielt ich zu wiederholtem Male dieses Echo. Ein solches Urteil über einen Textkomplex des Alten Testaments, der wie kaum sonst einer in das Leben der Kirche als liturgischer Gebrauchstext hineinragt, kann wohl nicht ermutigen, sich mit den Psalmen ernsthaft auseinanderzusetzen. Ein derartiges Urteil muß perplex lassen. Denn obwohl das Buch der Psalmen von der Kirche als ihr Gebetbuch übernommen, seine Texte das Grundgerüst für das kirchliche Stundengebet bilden und – wenn auch oft nur versweise – im Wortgottesdienst verwendet werden, sollen diese Texte – oder jedenfalls viele von ihnen – einen Gebetswert haben, der sich auf Null beläuft? Auf jeden Fall erscheint dies merkwürdig.
Doch nicht nur in mündlicher Tradition finden sich merkwürdige Urteile über den Psalter, sondern auch in der jüngeren Literatur sind solche formuliert worden. J. Becker hat die typisch christlichen Vorurteile gegenüber dem Psalter, wie sie vor allem im Laufe der Diskussion über die Erneuerung der Liturgie laut wurden, zusammengetragen: »Der moderne Mensch hat eine Abneigung gegen Längen ... Die Psalmen lassen Inhalte vermissen, die dem christlichen Beter wesentlich sind ... Die Psalmen sind eudämonistisch, unglaublich ichbezogen und ohne Bezug zu den Nöten der heutigen Menschheit. Es fehlt der Ausblick auf das Jenseits, was mit

christlicher Frömmigkeit unvereinbar ist.«[1] Mit Recht hat J. Becker derartige Oberflächlichkeiten zurückgewiesen.
Nun gibt es über das Buch der Psalmen – gottlob – nicht nur Urteile merkwürdiger Exegeten und Theologen, sondern es gibt auch die von Menschen, die eine hohe Sensibilität für sprachliche Gestaltungen und zudem ein Gespür für das mitbringen, was in diesen Gestaltungen Sprache geworden ist. Ein solches Urteil, das immer wieder zitiert wird, stammt von R. M. Rilke. In einem Brief an seinen Verleger schreibt er: »Ich habe die Nacht einsam hingebracht ... und habe schließlich die Psalmen gelesen, eines der wenigen Bücher, in dem man sich restlos unterbringt, mag man noch so zerstreut und ungeordnet und angefochten sein.«[2]
Das Buch der Psalmen – eines der wenigen Bücher, in dem sich der Mensch restlos unterbringen kann. Ich meine in dieser Äußerung Rilkes einen Nachklang jener Worte zu vernehmen, mit denen M. Luther dem Leser seiner Bibelübersetzung den Psalter nahezubringen sucht: »Daher kompts auch / das der Psalter aller Heiligen Büchlin ist / Vnd ein jglicher / in wasserley sachen er ist / Psalmen vnd wort drinnen findet / die sich auff seine Sachen reimen / vnd jm so eben sind / als weren sie allein vmb seinen willen also gesetzt / Das er sie auch selbs nicht besser setzen noch finden kan noch wündschen mag.«[3]
Die großartige Vorrede Luthers auf den Psalter ist ein eindrucksvolles Plädoyer für dieses biblische Buch. Wenn ich versuche, diese Vorrede auf den Psalter zusammenzufassen, dann scheinen mir folgende Punkte wichtig zu sein:
(1) Der Psalter ist eine kleine Bibel. Im Psalter hat der Christ alles Wesentliche, was auch in der ganzen Bibel enthalten ist.
(2) Im Psalter kann der Beter sich völlig unterbringen. Er findet darin für alle Erfahrungen, die ein Mensch nur immer machen kann, Worte, die diese Erfahrungen schon vor ihm artikulieren.
(3) Der Psalter ist von allen Christusglaubenden gebraucht worden. So spricht der Beter sein Gebet in der Gemeinschaft der Heiligen.
(4) Der Psalter ist ein reiner Spiegel, der die Christenheit auch zu dem »Erkenne dich selbst« führt.

Mit diesen Gesichtspunkten stellt Luther die enorme Formkraft heraus, deren er den Psalter für fähig hält. Aber M. Luther ist nicht der erste, der sich so enthusiastisch über den Psalter äußert. Jüngere Arbeiten über die abendländischen Bibelvorreden bis zur Lutherbibel notieren für die von Luther formulierten Gedanken keinen Vorgänger.[4] Dennoch scheint es einen gegeben zu haben. In dem Brief des Athanasius von Alexandrien († 373) an Marcellinus finden wir zu den eben genannten Gesichtspunkten die exakten Parallelen.[5]

Es erscheint mir nicht fraglich: Das Lob, das dem Psalter von Rilke, Luther und Athanasius gespendet wird, ist nicht bloß so dahingesagt, sondern hat seinen Ursprung darin, daß die Texte von Rilke, Luther und Athanasius benutzt worden sind. Sie haben ihre Erfahrungen mit diesem Buch gemacht, die sie anderen vermitteln wollen. Ein letztes Zeugnis zugunsten des Psalters sei noch genannt: das Zeugnis des Aurelius Augustinus († 430). Auf dem Sterbebett, so berichtet sein Freund und erster Biograph, Possidius von Kalama, habe sich Augustinus die Bußpsalmen an die Wände seines Krankenzimmers heften lassen, so daß er sie beständig vor Augen hatte. Jeden Umgang mit Freunden brach er ab. Er war allein mit seinen Psalmen. Die in der Sterbestunde sich bewährende Psalmenfrömmigkeit des Augustinus ist wohl nicht allein durch die Arbeit am Kommentar zum Psalter, der er Jahrzehnte seines Lebens gewidmet hat (von 392 bis 422), zu erklären. Auch die Psalmenrenaissance des 4. und 5. Jahrhunderts, in der es modern war, sich mit den Psalmen zu befassen, macht sie nicht vollends begreiflich. Augustinus scheint die Tage vor seinem Tod mit der Betrachtung der Psalmen auch deshalb zugebracht zu haben, weil ihre Lektüre bei seiner Bekehrung eine wichtige Rolle gespielt hat.[6]

Dem Urteil »Gebetswert – Null« stehen andere Urteile entgegen. Welches Urteil ist das richtige? Die Kirche selbst hat zugunsten des Psalters geurteilt. Sie verbürgt sich für ihn mit dem größten ihr möglichen Engagement. Für manche könnte ihr Urteil ausschlaggebend sein. Dennoch ist wohl die Vergewisserung dessen, was moderne Dichter am Psalter gefunden haben, so daß sie ihren eigenen Produktionen den Titel »Psalm« gaben,[7] der Sache des Psalters nur dienlich. Nachdem verschiedene Stimmen über die Psalmen vorurteilslos gehört worden sind, könnte die Bereitschaft gewachsen sein, es mit ihnen einmal selbst zu versuchen. Die eigene Erprobung an ihnen hält für den Beter die Chance bereit, eine ganz neue Möglichkeit des Zu-Gott-Sprechens zu entdecken. Sie hat M. Buber treffend charakterisiert: »Der Mensch kann reden, er darf reden; wenn er nur wirklich zu Gott redet, gibt es nichts, was er ihm nicht sagen darf.«[8]

M. Luther hat die Spannweite des Psalters richtig bestimmt: Im Psalter finden sich Texte, die erschütternd Klage formulieren, und im Psalter gibt es Texte, die von einer Freude und einem inneren Jubel bestimmt sind, daß man den Eindruck gewinnt: Der Mensch ist zum Rühmen Gottes da, ja, das Rühmen Gottes ist sein Leben, Tod dagegen ist das Gott-nicht-mehr-rühmen-Können. Vertreter dieser zwei Texttypen möchte ich kurz besprechen.

1. Der klagende Mensch: Klgl 3, 1–24

Durch die von H. Gunkel maßgeblich inaugurierte und bestimmte Forschungsrichtung in der alttestamentlichen Wissenschaft, die wir die Gattungskritik nennen, ist uns besonders bewußt geworden, daß sich der Texttyp »Psalm« nicht nur im Psalter, sondern breit über das Alte Testament gestreut findet. Was wir generisch als Psalm bezeichnen und nach relativ strengen Kriterien in die Texttypen Hymnus, Klagelied des Volkes bzw. des Einzelnen und Danklied (des Volkes bzw.) des Einzelnen ordnen, läßt sich auch in anderen Teilen des Alten Testaments wiederfinden. So sind die Texte, die in der Schrift ohnehin als »Klagelieder« (des Jeremia) bezeichnet werden, in genauerem technischen Sinn als Klagelieder zu bezeichnen, und zwar als Klagelieder des Volkes.

a) Zur Struktur von Klgl 3

Bei einem so umfangreichen Text, wie ihn Klgl 3 darstellt, besteht die erste Aufgabe darin, sich der Organisation des Textes zu versichern. Der hebräische Text offenbart etwas sehr

Auffälliges. Es handelt sich um ein Akrostichon, d.h. einen alphabetischen Text. Der Text ist so organisiert, daß der erste Vers mit dem ersten Buchstaben des Alphabets beginnt, der jeweils folgende Vers mit dem entsprechenden folgenden Buchstaben. Die Anfänge der Zeilen ergeben dann einen Blick auf das hebräische Alphabet. Derartige sprachliche Gestaltungen finden sich ebenfalls im Psalter selbst. Das Musterbeispiel ist Ps 119, bei dem diese »Spielerei« mit dem Alphabet für unsere Begriffe übertrieben erscheint, insofern hier jeweils acht Zeilen mit demselben Buchstaben beginnen. Etwas Ähnliches liegt auch in unserem Text vor. Klgl 3 wendet dieses Mittel ebenfalls gehäuft an. Jeweils drei Zeilen beginnen mit demselben Buchstaben. Die 66 Verse sind also so verteilt: dreimal 22 Verse. Allein von dieser Organisation ist ein Formzwang gegeben, der ihm von außen auferlegt ist. Er behindert eine gedanklich-strenge Abfolge.

Doch über das äußere Mittel des Alphabetismus hinaus läßt sich etwas nennen, das diesen umfangreichen Text in größere, aber überschaubarere Einheiten gliedert. Man muß darauf achten, *wer* spricht. Zunächst hebt sich ein Abschnitt heraus, der in V. 1 betont mit »Ich« beginnt. Das »Ich« des Beters tritt bestimmend heraus. Dieser Abschnitt reicht bis V. 24 »darum harre ich auf ihn«. In diesem Abschnitt wird von Gott in dritter Person Singular gesprochen. Nur V. 23 b und möglicherweise V. 17 machen eine Ausnahme.

Von V. 25 ab stellt sich ein neuer Abschnitt heraus. Er zeichnet sich gegenüber V. 1–24 durch eine Leerstelle aus. Das »Ich« des Beters kommt nicht mehr zum Zuge. Hier wird »objektiv« geredet:

»Gut ist der Herr zu dem, der auf ihn hofft,
zur Seele, die ihn sucht« (V. 25).

Dieser »objektive« Stil – es wird von dem »Mann« geredet, und auch von Gott ist wieder in dritter Person die Rede – reicht bis zum V. 39. Er läßt Elemente der »Weisheit« erkennen, und man ist geneigt, in diesem Abschnitt die Reaktion des Weisen auf den Ausbruch in V. 1–24 zu sehen, der ja fast Ungehöriges über Gott Sprache werden ließ.

Der weisheitliche Abschnitt V. 25–39 wird nun unvermittelt

abgelöst durch einen Abschnitt, der ganz bestimmt ist von einem kollektiven Sprecher:

»Prüfen wir unsere Wege, erforschen wir sie
und kehren wir um zum Herrn!
Erheben wir Herz und Hand
zu Gott im Himmel!« (V. 40f).

Nach dieser Selbstaufforderung der sprechenden Gruppe folgt nun das Gebet dieser Gruppe:

»Wir haben gesündigt und getrotzt;
du aber hast nicht vergeben« (V. 42).

Dieser Abschnitt ist außer durch das Signal »Wir«, das den Sprecher bezeichnet, noch durch die Gebetssprache gekennzeichnet. Gott wird mit »Du« angeredet. Der Abschnitt kommt zu einem abrupten Schluß, wenn in V. 48 ein Sprecher auftritt, der sich in der ersten Person Singular einführt:

»Tränenströme vergießt mein Auge
über den Zusammenbruch der Tochter meines Volkes.
Mein Auge ergießt sich und ruht nicht;
es hört nicht auf,
bis der Herr vom Himmel her sieht und schaut« (V. 48f).

In V. 55 geht dann der Sprecher zur direkten Gebetsanrede über:

»Da rief ich deinen Namen, Herr,
tief unten aus der Grube« (V. 55).

Das Du der Gebetsanrede hält sich bis zum Ende unseres Textes durch.
Damit gewinnen wir folgende Gliederung:
I. V. 1–24: Sprecher »Ich«; von Gott wird in dritter Person geredet.
II. V. 25–39: Sprecher »Er«; von Gott wird in dritter Person geredet.
III. V. 40–47: Sprecher »Wir«; Gott wird in zweiter Person angeredet.
IV. V. 48–66: Sprecher »Ich«; Gott wird in zweiter Person angeredet.

Dieses Ergebnis läßt die Frage aufkommen, in welchem Verhältnis die so verschiedenen Stücke in diesem Text stehen. Besonders fällt das Nebeneinander der »Ich«-Stücke und des »Wir«-Stückes auf. Ist das »Ich«, dessen singularische Bedeutung, nicht so ganz ernst gemeint? Ist mit dem »Ich« vielmehr ein »Wir« gemeint? Klarer gefragt: Ist dieses »Ich« der Ich-Stücke etwa ein kollektives Ich? Damit berühren wir eine heiß umstrittene Frage in der Psalmenforschung. Es gab ebenso dezidierte Verfechter der einen wie der anderen These. Auch vermittelnde Thesen zwischen diesen Extremen sind im Laufe der Forschung vertreten worden. So kann man sich etwa gerade bei unserem Text fragen, ob nicht ein ursprünglich individuell verstandenes und gebrauchtes Lied in der Situation nach der Katastrophe von 587 (Zerstörung Jerusalems) zu einem kollektiven Klagelied umgedeutet worden ist, um so zu einem Text zu werden, der in einem Klagegottesdienst der im Lande Verbliebenen über die Zerstörung von Stadt und Tempel dienen konnte. Oder hat man sich das Verhältnis der »Ich«-Stücke zu dem »Wir-Stück« so denken, daß ein individueller Beter der hoffnungslosen Gemeinde aufgrund am eigenen Leibe erfahrenen Heils neue Wege weist? Haben die rahmenden Ich-Stücke die Funktion, die verzweifelte Gemeinde gleichsam an die Hand zu nehmen und ihr neue Wege der Hoffnung zu zeigen?[9] Mir scheint die zuletzt genannte Lösung am plausibelsten zu sein. Ich möchte das Augenmerk auf den ersten Abschnitt lenken, das »Ich-Stück« in V. 1–24.

b) Auslegung von Klgl 3,1–24

Der erste Abschnitt des Textes gliedert sich von seinem »Stimmungsgehalt« her klar in zwei Stücke von sehr unterschiedlicher Länge. V. 1–19 ist ein Stück, das auf eine erschütternde Weise von dem Leiden eines Menschen an Gott und durch Gott spricht. Von V. 20 an läßt sich ein »Stimmungsumschwung« feststellen, der in den Preis der huldvollen Taten Jahwes (V. 22) einmündet.
Der erste Satz dieser Dichtung gibt die Perspektive:

»Ich bin der Mann, der Leid erlebt hat
durch die Rute seines Grimms« (V. 1)

Deutlich tritt das Ich des Beters heraus, verhalten ist dagegen die Rede gegenüber Gott: Von ihm wird nur in der dritten Person gesprochen. Dazu kommt: Gott wird nicht direkt genannt. Das stellt eine Abweichung gegenüber den Klageliedern des Psalters dar, die in aller Regel die Anrufung des Jahwenamens unter den allerersten Worten enthalten.
Von dieser ersten Zeile her könnte man noch meinen, hier rede ein Mensch, der den Zorn eines anderen Menschen erfahren hat. Doch der Fortgang dieses Textes wird eines besseren belehren. Hier ist in scharfer Anklage von Gott geredet. Erst in V. 18 fällt eindeutig der Jahwename. Bis zu V. 19 ergeht sich der Beter in immer neuen Bildern darüber, was dieser »Er« ihm angetan hat. In immer neuen Bildern wird beschworen, wie sich Gott zu ihm als Feind verhalten hat:

»Er hat mich getrieben und gedrängt
in Finsternis, nicht ins Licht« (V. 2)

Finsternis ist ein Bild für den Bereich des Todes, wie gerade aus V. 6 hervorgeht:

»In Finsternis hat er mich angesiedelt
wie längst Verstorbene.«

Um die Tragweite derartiger Anklagen zu ermessen, muß man solche Stücke hören, in denen Beter dafür danken, daß Jahwe sie auf den Weg des Lebens setzt (Ps 16,11) und sie in der Schrecken einjagenden Finsternis nicht allein läßt (Ps 23,4). Der, der hier spricht, kann die Bekenntnisse anderer nicht nachvollziehen, nach denen Jahwe ein Gott ist, der ins Licht und ins Leben führt. Er hat die gegenteilige Erfahrung gemacht. In den Versen 3–5 deutet sich etwas Konkretes an: Gott kehrt seine Hand gegen diesen Mann, indem er ihn mit Krankheit schlägt:

»Er zehrte aus mein Fleisch und meine Haut,
zerbrach meine Glieder,
umbaute und umschloß mich
mit Gift und Erschöpfung« (V. 4–5).

Aber in V. 7 wird dieses Leid durch ein neues Leid abgelöst:

»Er hat mich ummauert, ich kann nicht entrinnen.
Er hat mich in Fesseln gelegt.«

In dem Vers scheint eine Notsituation angesprochen zu sein: Der Mann wurde ins Gefängnis geworfen. Das Leid könnte in diesem Fall die Verfolgung dieses Menschen durch Menschen sein.
In den Versen 1–7 läßt sich etwas von den Dimensionen ermessen, die menschliche Klage überhaupt bestimmen können: die Ichklage und die Feindklage, die Klage, die die eigene Existenz, und die Klage, die das unheilvolle Verhältnis zu den Mitmenschen zum Gegenstand hat. Aber bei diesen Aspekten ist gegenwärtig zu halten: Gott selbst ist es, der diesen Menschen in dieses Leid gebracht hat. Wenn er zu Tode krank ist, wenn er ins Gefängnis geworfen wird – Gott ist es, der das tut. Für alle Verben in diesen Versen ist Gott das Subjekt.
Dieser dritte Aspekt der alttestamentlichen Klage, die Gottklage – neben der Ich-Klage und der Feindklage – wird nun zum klar bestimmenden Thema, nachdem sie bisher die Form abgegeben hat. Zunächst: Gott blieb stumm bei dem Gebet, besser: Gott hat das Gebet dieses Mannes überhaupt nicht zum Zuge kommen lassen, er hat es gleichsam zugeschüttet, wie man einen Brunnen zuschüttet. Er hat ihm das Gebet entzogen (vgl. Ps 66,20). Und dann: Gott ist der in die Irre Führende (V. 9), der die Wege verbaut. Gott ist ein wildes Tier (V. 10–11). Der Beter erfährt Gott als Feind (vgl. Klgl 2,4–5; Ijob 13,24; 16,9; 19,11; 30,21). In den Versen 12–13 erscheint der feindliche Gott unter dem Bilde des unerbittlichen Jägers. (vgl. Ijob 6,4; 7,20; 16,12). Schließlich ist Gott der schreckliche Gastgeber:

»Er speiste mich mit bitterer Kost
und tränkte mich mit Wermut.
Meine Zähne ließ er auf Kiesel beißen,
er drückte mich in den Staub.
Meine Seele wurde verstoßen vom Frieden weg,
ich habe vergessen, was Glück ist.

Ich sprach: Dahin ist mein Glanz
und mein Vertrauen auf den Herrn.
Meiner Not und Unrast zu gedenken,
ist Wermut und Gift« (V. 15–19).

Solche Rede über Gott – wenigstens in dieser krassen Form – ist auch im Alten Testament nicht allzu häufig. Diesen Worten lassen sich nur Passagen aus dem Buch Jeremia, Stücke aus dem Buch Ijob und der Ps 88 an die Steite stellen. Derartige Texte schließen aber auf, welche Dimensionen das Reden des Menschen durchschreiten kann – und, wie ich meine, auch darf. Die Schrift selbst legitimiert den Menschen zu solcher Rede. Derartige Texte können für Menschen, die in ihrem Glauben an Gott angefochten sind, eine enorme Hilfe sein. Sie zeigen, daß es nicht gut ist, Erfahrungen des Leides leichthin zu beschwichtigen. Das Leid muß heraus – koste es, was es wolle. Ein Mensch steht vor uns, der sich mit traditionellen Sätzen in seinem Leid nicht abspeisen läßt.
Doch der Text des »Ich«-Stückes ist noch nicht zu Ende. Ps 88, den man mit unseren Text auf die gleiche Ebene stellen könnte, schließt als einziges Klagelied im Alten Testament ohne jenen Teil, der bestimmt ist durch den »Stimmungsumschwung«. In unserem Text hingegen folgt er ganz regelmäßig:

»Immer denkt daran meine Seele
und ist gebeugt in mir.
Das will ich mir zu Herzen nehmen,
darum darf ich harren:
Die Hulderweise des Herrn sind nicht erschöpft,
seine Erbarmungen sind nicht zu Ende.
Neu sind sie an jedem Morgen;
Groß ist *deine* Treue.
Mein Anteil ist der Herr, sagt meine Seele,
darum darf ich auf ihn harren« (V. 20–24).

Der Übergang ist nicht so ganz abrupt, wie in manchen anderen Klageliedern. Er vollzieht sich allmählich, bis er mit der Nennung der Hulderweise und der Erbarmungen Jahwes ganz da ist. In V. 23 fällt dann auch die eindeutige Anrede Gottes, wenn von »deiner Treue« die Rede ist.

Die Erklärung des Umschwungs von so tiefer, erschütternder Anklage zu so gewisser Hoffnung ist in der Forschung nicht einstimmig. Bisweilen erklärt man diese Sätze als zwei ganz verschiedene Texte, die rein durch Zufall aneinandergehängt worden sind. Sehr häufig wird auch die Erklärung vorgetragen, zwischen der Klage und dem Stück, das die neue Situation des Beters ausdrückt, liege der institutionelle Akt des priesterlichen Heilsorakels, in dem dem Beter durch den Priester die Zusage der göttlichen Gegenwart gemacht wird, die alle Angst beseitigt; einen Beleg für die Existenz dieser Institution glaubt man gerade in Klgl 3,57 zu sehen. Bisweilen wird das allgemein beobachtbare religionsgeschichtliche Phänomen der »Erhörungsgewißheit« zur Erklärung herangezogen. Der Beter betet sich in seiner Klage gleichsam an Gott heran, so daß sein Zustand sich verändert: von Hoffnungslosigkeit hin zu neuer Hoffnung.

Wie immer man diesen Stimmungsumschwung konkret deuten muß, das Zeugnis der Texte bleibt: Auch der erbittert Gott anklagende Mensch, der die ganze Energie, die das Leiden in ihm freisetzt, gegen Gott richtet, kann am Ende doch noch fähig sein zum Bekenntnis der je neuen Huld und des je neuen Erbarmens Gottes. Genau darin besteht auch der Fortgang der Ijobdichtung. In ihr beklagt sich Ijob über Gott. Er klagt ihn als seinen Feind an. Trotzdem wendet er sich an ihn, weil er seine Sache letztlich nur bei ihm geborgen weiß.

Wir haben einen erstaunlich modernen Text betrachtet. Alles, woran der Mensch leiden kann – an sich selbst, an seinem Mitmenschen, an Gott –, kommt zur Sprache. Auf das Leid an Gott und durch Gott wird hier alles andere zurückgeführt. Nur wenig konkret wird die Not geschildert. Es wird nicht sichtbar, worin konkret das Leid dieses Menschen unter der Zuchtrute Gottes besteht. Weil Leid verdichtet und zugleich in konventionellen Sprachformen ausgedrückt wird, ist die Chance gegeben, daß sich viele in dieser Artikulation von Leid unterbringen können – sogar eine Gemeinde.

Nach einem Text, der Leid klagt und es in extremer Weise Sprache werden läßt, sei nun die Aufmerksamkeit auf einen Text gerichtet, der als ein klassisches Beispiel für den Texttyp »alttestamentlicher Hymnus« zu gelten hat: Ps 148.

2. *Der preisende Mensch: Ps 148*

a) Die Struktur von Ps 148

Das Gefälle dieses Textes ist leicht festzustellen. Klar heben sich zwei Strophen heraus, die jeweils fast gleichlautend beginnen: »Lobet den Herrn vom Himmel her« (V. 1), »Lobet den Herrn von der Erde her« (V. 7). Beide Strophen, die sich abgrenzen lassen (V. 1–6 und V. 7–14), sind nun wieder in zwei Teile zu gliedern, die ganz parallel zueinander stehen. In beiden Strophen finden wir eine sehr ausgeführte »Aufforderung zum Lob« (V. 1–5 und V. 7–13), die jeweils gleichlautend abgeschlossen wird: »Sie sollen loben den Namen des Herrn« (V. 5a. 13a). In beiden Fällen schließt sich an den die »Aufforderung zum Lob« abschließenden Satz unmittelbar das Hauptstück oder die »Begründung des Lobes« an, jeweils eingeleitet mit dem Wörtchen »denn«: V. 5b. 13b. In den beiden Strophen, die von dem Wortpaar Himmel-Erde bestimmt sind, haben wir die Folge: Aufforderung zum Lob (Exordium) und Begründung des Lobes (Hauptstück).
Diese beiden Elemente sind typisch für das gattungskritische Modell des altisraelitischen Hymnus. Es läßt sich an vielen Texten verifizieren. Als Beispiele seien das Mirjamlied, der vielleicht älteste Hymnus Israels (Ex 15,21), Ps 100 und Ps 117 genannt.[10] Auch in längeren Kompositionen läßt sich dieses Gerüst, das die beiden Elemente bilden, ausmachen (Ps 33).
Die Form unseres Textes ist durchsichtig. Interessanterweise stellt die Aufforderung zum Lob in beiden Strophen umfangmäßig das Hauptstück in V. 5bf. und V. 13bf. in den Schatten. Diese Anlage hat einen besonderen Sinn. Die Begründung am Ende jeder Strophe wird betont. Die weit ausgeführte Aufforderung schafft eine Spannung, die sich dann in dem kurzen Teil des »Hauptstückes« löst.

b) Zur Auslegung des Psalms 148

Die Aufforderung zum Lob

In unserem Text ist die Aufforderung zum Lob auf zwei Strophen verteilt, die durch den Merismus »Himmel-Erde« bestimmt sind. Der Merismus ist eine Stilfigur, die durch Nennung von Teilen ein Ganzes bezeichnen will. Die in den beiden Strophen entfaltete Aufforderung könnte man also so umschreiben: Alles, was ist, soll den Herrn loben (vgl. Ps 150,6).

Das feste Stilelement des israelitischen Hymnus »Aufforderung zum Lob« regt zum Nachdenken an und ist zu interpretieren. Man fordert zu etwas auf, wenn das nicht selbstverständlich ist. Das Selbstverständliche tut man, dazu braucht man nicht aufgefordert zu werden. Wenn im altisraelitischen Hymnus zum Lob Gottes aufgefordert wird, so ist damit impliziert das Wissen darum, daß man das Lob Gottes vergessen kann. Das Lob Gottes ist dem Menschen nicht ohne weiteres so selbstverständlich, daß er es ohne Aufforderung tun würde. Das Lob Gottes ist zwar für den Menschen lebenswichtig, der Mensch aber vergißt dieses Lebenswichige regelmäßig. Paulus stellt im Römerbrief fest: Die Ursünde des Menschen besteht darin, daß der Mensch Gott die Verherrlichung und den Dank (doxa und eucharistia) versagt (Röm 1,21). Aus dieser »Ursünde« folgen dann alle Störungen des mitmenschlichen Zusammenlebens, wie sie Paulus in Röm 1 aufzählt. Das scheint mir ein erster bedenkenswerter Punkt zu sein, der sich bei der Betrachtung des altisraelitischen Hymnus überhaupt und bei Ps 148 im besonderen aufdrängt.

Bei der Betrachtung von Ps 148 kommt aber noch ein weiteres hinzu: Die Aufforderung zum Lob, so sahen wir schon, arbeitet mit Aufzählungen. In der ersten Strophe werden die Wesen, die in der himmlischen Sphäre anzusiedeln sind, zum Lob aufgefordert, in der zweiten die Wesen, die auf der Erde zu finden sind. Nun ist in der Aufzählung in den beiden Strophen etwas zu entdecken, das sie in die Nähe der zeitgenössischen »Wissenschaft« rückt. Wissenschaft im alten Orient stellt sich in ihren literarischen Zeugnissen als Listenwissenschaft dar. Elemente der »Listenwissenschaft« sind zweifellos in Ps 148 zu erkennen. Wissenschaft und das hochtheologische Moment des Lobes Gottes liegen für den Psalmisten nicht schizophren auseinander, sondern gehören zusammen. So kann er ohne große Schwierigkeiten Elemente des damaligen Wissenschaftsbetriebes in seine Komposition einbeziehen. Mir scheint das ein Gedanke zu sein, der heute besonders erwägenswert ist.

Die Begründung des Lobes

Auch hier fällt zunächst ein formales Element in die Augen: Der israelitische Hymnus fordert zum Lob auf, aber dieses Lob soll nicht blind sein. Das Lob muß vor der Vernunft zu rechtfertigen sein; es wird begründet. Der Hymnus gibt Auskunft darüber, warum man Gott zu loben hat.

Das innere Gefälle des altisraelitischen Hymnus stellt sich als ein reflektiertes Gebilde dar. Die rationale Struktur ist m. E. etwas Auffälliges an dem Hymnus. In unserem Text finden wir jeweils zwei Begründungen: V. 5bf. und V. 13bf. Wenn wir sagten, daß die Aufforderung zum Lob eine Aufforderung ist, die sich an alles richtet, was nicht Gott ist, also den Charakter der Totalität hat, so ist auch die Begründung des Lobes von diesem Charakter der Totalität bestimmt. Die Totalität des göttlichen Handelns an dem, was Gott nicht ist, ist der Grund, weshalb alles, was nicht Gott ist, Gott loben soll. Die Totalität des göttlichen Handelns zerlegt sich aber in zwei Aspekte, die die beiden Begründungen geben: Gott ist der Schöpfer – es fällt hier das gewichtige theologische Wort »erschaffen« –, und Gott hat in der Geschichte seinem Volk ein Horn erhoben, das heißt: ihm Macht gegeben. Beide Aspekte begegnen auch in anderen Hymnen als Begründung zum Lob Jahwes in Israel.

Unser Text wird schließlich gerahmt von dem Ruf halelûyah, d. h.: Preist yah, wobei Yah eine Kurzform des Jahwenamens darstellt. Der Psalter heißt im hebräischen Kanon tehillîm. M. Buber verdeutscht den Titel mit: »Buch der Preisungen«. Nun kann man sich über den Titel nicht genug wundern. Denn dieses »Buch der Preisungen« enthält sehr viel weniger Preisungen als Klagelieder, Äußerungen des Beters in Not und Leid. Wenn es dennoch als »Buch der Preisungen« bezeichnet wird, so scheint mir hier nochmals etwas Wichtiges zur Sprache zu kommen: Das Alte Testament ist nicht leichtfertig mit dem Lob. Es sieht die Welt nicht rosarot. Im Gegenteil, es ist von einem Realismus bewegt, der einen erstaunen läßt. Der Psalter als Ganzer schließt nicht die Augen vor dem Leid, vielmehr läßt er auf vitale Weise dieses Leid Sprache werden. Und dennoch: Auch Sprache gewordenes Leid rangiert unter »Preisung«. Lob ist keine leichtfertig-optimistische Sache, sondern sie erwächst aus der Entäußerung, die der Mensch im Leid erfährt. Dadurch wird Lob erst glaubwürdig.

»Ich hoffte auf Zuwendung – nichts«

Erläuterungen zu Psalm 69

Psalm 69 durchschreitet einen weiten Raum. Im Neuen Testament decken seine Aussagen das Schicksal Jesu (Joh 2,17; Mt 27,34.48; Mk 15,23.36; Lk 23,36; Joh 19,28) und das Schicksal des Judas, des Verräters Jesu (Apg 1,20).

1. Zur Struktur des Textes

Der Text ist umfangreich. Um sich dieses Textes zu vergewissern, ist es zunächst notwendig, ihn in etwas kleinere Einheiten zu zergliedern. Diese Gliederung – die Einsicht in den Aufbau eines Textes – ist nichts Geringes, und diese Mühe sollte niemals gescheut werden. Auch wenn das eine relativ äußerliche Annäherung an den Text ist, ist sie doch schon Meditation. Es geht darum, sich der sprachlichen Gestalt des Textes zu vergewissern, und bereits bei diesem Vorgang sind wichtige Einsichten, bei denen man verweilen kann, möglich.
Psalm 69 gliedert sich in zwei quantitativ nicht gleiche Teile: einmal die Verse 2–29, dann die Verse 30–37. Daß diese Teile voneinander abgehoben werden können, läßt sich ersehen aus dem betonten Neueinsatz »ich aber« in V. 30 und dem ganz neuen Thema, das in den Versen 30–37 angeschlagen wird. Dieser Komplex, der den Psalm beschließt ist noch einmal klar gegliedert durch das Verbum »rühmen« in V. 31 und V. 35.
Werfen wir nun einen Blick auf den ersten großen Teil dieses Psalms V. 2–29. Auch er ist nicht ohne auffällige Struktur. Worte aus V. 3 werden in V. 15–16 wiederholt:

»Ich bin eingesunken in tiefen Schlamm,
es gibt keinen Stand.
Ich bin gekommen in die Tiefen des Wassers,
und die Strömung reißt mich fort« (V. 3).
»Reiß mich heraus aus dem Sumpf,
möge ich nicht einsinken.

Möge ich entrissen werden meinen Hassern
und den Tiefen des Wassers.
Möge mich nicht fortreißen die Strömung des Wassers
und nicht verschlingen die Tiefe« (V. 15 f).

V. 3 und 15f entsprechen sich wie Klage und Bitte.
Ein weiteres auffälliges Merkmal für den strukturellen Aufbau des Textes ist die V. 6 und 20 sich wiederholende Formulierung »Gott du weißt« (V. 6) und »du weißt« (V. 20). Außerdem nimmt V. 20f Worte auf (»Schande, Schmähung«), die vor allem in V. 7–10 eine wichtige Rolle spielen.
Ferner wird der gesamte Text durch die Entgegensetzungen »ich« (V. 3) – »du« (V. 6); »ich« (V. 14) – »du« (V. 20) in zwei klare Hälften geteilt. Dadurch entstehen zwei aufeinander bezogene Teile: V. 2–13 und V. 14–29.
Der Aufbau des Psalms stellt sich damit so dar:
A) V. 2–29: Klage unf Bitte
I. 2–13: Klage und Bitte
2–5: Ich-Text
6–13: Du- und Ich-Text
II. 14–29: Bitte und Klage
14–19: Du- und Ich-Text
20–29: Du- und Ich-Text.
B) V. 30–37: Gelübde und Hymnus
I. Gelübde V. 30–34
II. Hymnus V. 35–37.
Wir haben also ein doppeltes Gefälle von Klage und Bitte, die jeweils verschieden angeordnet sind. Die Wiederholung des Hauptstückes, bestehend aus Klage und Bitte, ist nichts Auffälliges. Sie findet sich auch in Ps 22 und weist diese Abfolge dort ebenfalls auf.
Klage und Bitte sind die Elemente, die konstitutiv zu dem Texttypus gehören, den die alttestamentliche Wissenschaft »Klagelied« nennt. Hier ist betont von dem »Ich« des Beters die Rede, also handelt es sich um ein Klagelied eines Einzelnen im Gegensatz zum Klagelied des Volkes.

2. Theologische Linien des Textes

Der Psalm beginnt mit einer erschütternden Klage, die durch Mark und Bein geht:

»Hilf mir Gott,
denn die Wasser kommen mir bis zum Hals.
Ich bin eingesunken in tiefen Schlamm,
es gibt keinen Stand.
Ich bin gekommen in die Tiefen des Wassers,
und die Strömung reißt mich fort« (V. 3f).

Das Bild ist eindringlich. Vielleicht ist hier wirklich ganz konkret an einen Gefangenen gedacht, den man in eine Zisterne geworfen hat. Jeremia wurde in eine solche Zisterne geworfen:

»Da ergriffen sie Jeremia und warfen ihn in die Zisterne des Prinzen Malkija, die sich im Wachthof befand; man ließ ihn an Stricken hinunter. In der Zisterne war kein Wasser, sondern nur Schlamm, und Jeremia sank in den Schlamm« (Jer 38,5f).

Dieser Mensch ohne Stand müht sich ab mit Schreien. Seine Kehle ist ausgedörrt, seine Augen sind wund vom Ausschauen nach seinem Gott. Durch die Anrufung »Gott« (V. 2) und »mein Gott« (V. 4) wird in der Klage ein erster Abschnitt markiert. Der Mensch schreit, bis er heiser ist. Aber dieser Schrei ist nicht richtungslos. Er wendet sich an Gott. Das Schreien ist ein wichtiges Element des alttestamentlichen Betens. Es ist bestimmt von dem Vertrauen, alles, aber auch wirklich alles sagen zu dürfen.
Die ersten vier Verse des Psalms bringen den Beter und Gott zur Sprache. In V. 5 tritt eine weitere Dimension, die zum menschlichen Dasein gehört, hervor: die Mitmenschen:

»Zahlreicher als die Haare meines Kopfes sind die, die mich hassen ohne Grund.
Die, die mich vernichten wollen, sind stark – meine Feinde der Lüge« (das heißt, die Feinde, deren Wesen Lüge ist).

Nun folgt eine ganz konkrete Angabe:

»Was ich nicht geraubt habe,
das soll ich zurückgeben« (V. 5).

Ist in dieser Angabe etwas über die konkrete Lage des Beters gesagt? Ist er ein unschuldig des Raubes Angeklagter, der in das Gefängnis (=Zisterne) geworfen ist? Sehr häufig dient der Vers dazu, einen konkreten »Sitz im Leben« für den Psalm zu rekonstruieren. Er wäre dann das Gebet eines unschuldig Angeklagten: Doch das scheint fraglich. Die gehäuften Bilder für die Not, die sich gegenseitig ausschließen (vgl. auch V. 30), bringen übergroßes Leid zur Sprache. Alle Dimensionen menschlichen Lebens werden genannt: Das Selbst ist aufs Äußerste durch kosmische Mächte und durch die Mitmenschen gefährdet.
Der zweite Teil der eigentlichen Klage setzt betont ein:

»Gott, du weißt um meine Torheit,
und meine Verfehlungen sind dir nicht verborgen« (V. 6).

Die Sünde des Beters kommt zur Sprache. Nicht sehr oft sprechen die Beter in der Klage von ihrer Sünde. Dafür ist dieses Thema zu delikat. Der Beter im Alten Testament weiß darum, was Schuld ist. Aber von Schuld zu reden ist nicht in jedem Augenblick notwendig. Gerade an diesem Punkt macht sich im Alten Testament der aufrechte Gang des Menschen bemerkbar. Der Mensch ist Sünder – aber es ist nicht so, daß jeder Mensch den anderen als Sünder betrachten kann. Das wäre zu einfach. Auch vor Gott kann der Mensch noch auf seiner Gerechtigkeit bestehen, wie es in imponierender Weise Ijob tut. Die Mitmenschen können vielleicht dazu verführt werden, auf die Sünde des Menschen zu schließen, wenn es diesem Menschen schlecht geht und er Leid trägt. Der Beter in unserem Psalm weiß, daß er sündig ist, er bekennt es vor Gott. Dennoch:

»Wer auf dich hofft, Herr, Herr der Scharen,
möge nicht durch mich scheitern.
Nicht mögen beschämt werden durch mich,
die dich suchen, Gott Israels« (V. 7).

So sehr sich der Beter seiner Sünde bewußt ist – sein Leiden könnte geeignet sein, die auf Jahwe Hoffenden scheitern zu lassen. Denn sie sehen in ihm einen Gerechten. Wenn ein Gerechter leidet, dann muß das schreckliche Konsequenzen haben. Das Leiden eines Gerechten ist Grund zur Empörung. »Der Beter versteht sich selbst als exemplarisch Leidenden. Er steht nicht für sich, bittet nicht allein für sein Leben. In seiner Not steht die Hoffnung aller derer, die Jahwe vertrauen, auf dem Spiel. Hier weist das Gebetslied weit über sich hinaus. Hart vor der Grenze des stellvertretenden Leidens weiß der Beter sich an einem Ort, an dem seine Lebenswende zu einem Zeugnis, zu einer beispielhaften Darstellung für andere werden soll.«[1]

Der Beter trägt Gottes wegen die Schmähungen und die Schande. Wegen seines Eiferns für das Haus Gottes ist er aus der Gemeinschaft der Menschen ausgeschlossen. Selbst seine engsten Vertrauten, seine Brüder, sind ihm fremd, »ausländisch« geworden. In diesem »Eifern für das Haus Gottes« dürften wir einen Anhaltspunkt haben für die Zeit der Entstehung dieses Textes: die Zeit der Restauration nach der Heimkunft aus dem Exil, als der Tempel wieder in bescheidenen Maßen aufgebaut wurde. Aber der Beter steht allein. Die Mitmenschen machen ihn zum Gespött, er ist Gesprächsstoff (V. 9–13).

Damit endet die erste große Klage. Der Text ist bestimmt von der durch die Bilder sich verdichtenden Schilderung der Not, die zwar durchaus etwas Konkretes – Diebstahl, Raub, andererseits Eifern für den Tempel – durchscheinen läßt. Dennoch ist es schwer, eindeutig eine ganz konkrete Not zu eruieren. Alle Dimensionen sprengendes Leid wird geschildert. Dieses übergroße Leid aber muß heraus, es wird herausgeschrien, bis die Kehle heiser, ausgedörrt ist.

Das Gebet setzt noch einmal ganz neu an. Es nimmt Elemente aus der ersten Klage auf, nun aber als Bitte formuliert (V. 15f; V. 3). Die Grube soll ihren Mund über ihm nicht schließen. Wieder wird die schlammige Zisterne assoziiert. V. 17–18 verwenden formelhafte Elemente:

»Erhöre mich Jahwe, denn gut ist deine Huld.
Entsprechend deinem Erbarmen wende dich mir zu« (V. 17).

Die Freunde und Verwandten sind fern (V. 8). Jetzt bittet der Beter um die Zuwendung Gottes, da kein Mensch mehr ihm beisteht:

»Verbirg dein Angesicht nicht vor deinem Knecht,
denn eng ist mir.
Eile, erhöre mich« (V. 18).

Mit demselben Wort wird die Bitte geschlossen, wie sie in V. 17 ihren Anfang genommen hat. Und schließlich heißt es:

»Sei mir nah, erlöse mich!
Wegen meiner Feinde befreie mich« (V. 19).

Dieser Abschnitt (V. 14–19) ist ein einziger Aufschrei, immer wieder das Schreien um Hilfe. In V. 20 setzt der Text neu ein:

»Du weißt um meine Schande,
meine Beschämung und meine Schmach,
vor dir sind alle meine Bedränger.
Die Schande zerbricht mir mein Herz – unheilbar.
Ich hoffte auf Zuwendung – nichts,
auf Tröster – ich fand sie nicht« (V. 20f).

Die Stichworte aus V. 7f und der Gedanke der Isolierung aus V. 8 werden wieder aufgenommen. Nach der Bitte geht die Schilderung der Not weiter. Doch plötzlich bricht sie ab. Die, die den Beter mit Gift zu speisen und mit Essig seinen Durst zu löschen wagen, werden nun zum Gegenstand des Wünschens des Beters. Er wünscht ihnen einiges:

»Der Opfertisch werde für sie zur Falle,
das Opfermahl zum Fangnetz.
Blende ihre Augen, so daß sie nicht mehr sehen;
lähme ihre Hüften für immer.
Gieße über sie deinen Grimm aus,
dein glühender Zorn soll sie treffen!
Ihr Lagerplatz soll veröden,
in ihren Zelten soll niemand mehr wohnen!
Denn sie verfolgen den Mann, den du schon geschlagen hast
und erzählen den Schmerz dessen, der von dir getroffen ist.
Rechne ihnen Schuld über Schuld an,
damit sie nicht teilhaben an deiner Gerechtigkeit!

Sie seien aus dem Buch des Lebens getilgt
und nicht bei den Gerechten verzeichnet« (V. 23–29).

Das ist eine Passage, die den Christen zutiefst irritiert. Stehen derartige Passagen nicht unter dem Gericht des Neuen Testaments? Müssen diese Stellen nicht aus dem Psalter für den Christen gestrichen werden? Der unschuldig leidende Mensch, den Gott selbst geschlagen hat, – stellt er sich mit diesem Ausbruch nicht selbst bloß?
Doch scheint mir eilfertiger christlicher Entrüstung gegenüber Vorsicht geboten zu sein. Verschiedenes gilt es zu bedenken. Zunächst dies: Die Vitalität des Beters meldet sich zu Wort. Er ist kein domestizierter Beter, der rein geistig, spirituell und salbungsvoll seine Worte setzt. Ehe wir mit dem Maßstab des Neuen Testaments richten, ist die übergroße Not anzuerkennen, aus der heraus gesprochen wird. Selbst Propheten können so reden (vgl. Jer 18,18–23). Ferner bittet der Beter nicht darum, sich selbst an den Feinden rächen zu können. Er bittet um Gottes Einschreiten, das dem bösen Treiben um ihn herum Einhalt gebietet. Außerdem ist es nicht richtig, von direkten Flüchen zu sprechen; die Fluchformel fällt nicht. So stark schließlich die Worte uns anmuten, enthalten sie doch Formelhaftes. Manches in ihnen ist auf das Konto der Konvention zu setzen.
Ein letzter Gesichtspunkt ist noch wichtig. Im Psalter, ist sehr häufig von den Feinden die Rede, und es kann gefragt werden: Wie real sind diese Feinde? Vor gut zehn Jahren hat der Alttestamentler O. Keel in einer eindrucksvollen Studie über die Feinde und Gottesleugner gezeigt, daß gerade die den Christen so irritierende Rede des Psalters von den Feinden eine Artikulation der Ängste des Beters ist. Es geht eigentlich gar nicht um reale Menschen, sondern mit dieser Rede sind die Finsternisse des Beters zum Ausdruck gekommen. Und das stimmt durchaus mit dem Gesamtduktus des Psalters zusammen, wenn er keine Not verschweigt, sondern alles, was sich im Herzen des Menschen als Not, Angst, Haß und Schmerz sammelt, herausläßt. Gerade dieser Zug könnte auch uns Heutigen wieder zu mehr Ehrlichkeit und vor allem zu größerer Freiheit von Komplexen verhelfen.[2]

Gerade an dieser Stelle besitzt unser Text aufschließende Kraft. Er setzt frei, was zumindest als Möglichkeit in der Tiefe unseres Herzens schlummert, und entläßt es vor Gott, bei dem die einzige Möglichkeit, dieses Böse zu bändigen, liegt. Der Psalm zeigt auf, was im Menschen ist oder wenigstens sein kann. Vielleicht ist er in seiner Empörung über das ihn umgebende Böse noch immer zu groß für uns.

Mit V. 30 beginnt – wiederum betont eingeführt mit »ich aber« – der zweite Teil dieses großen Textes. Zwar blickt er noch zurück: Der Beter spricht von sich als dem Mann der Schmerzen, auf V. 27 verweisend. Aber dann setzt sich etwas anderes durch. Aus der Tiefe der Not schaut der Beter nun auf das, was er tun wird. Er wird den Namen des Herrn rühmen und im Danklied groß machen. Das ist besser als das beste Tier, das zum Opfer dargebracht wird (V. 32). Die Gebeugten werden sehen und sich freuen.

»Euer Herz lebe auf!
Denn Jahwe hört auf die Armen,
die Gefangenen verachtet er nicht« (33f).

Was der Beter befürchtete (vgl. V. 7), wird nicht eintreten. Die Gott Suchenden kommen durch den Beter nicht zu Fall. Denn Gott erweist sich als Gott, indem er auf das Schreien der Elenden hört.
Die letzten Verse unseres Textes sind nicht mehr ein Gelübde des Dankes, sondern eine direkte Aufforderung zum Lob. Kosmische Mächte werden zum Lob aufgefordert: Himmel und Erde, die Meere, und was sich in ihnen tummelt. Denn Gott baut wieder die Städte Judas auf, er rettet und hilft dem Zion (vgl. V. 2 mit V. 36). Die Nachkommen der Knechte Jahwes werden die Städte bewohnen, sie in Besitz nehmen und erben. Die, die seinen Namen lieben, werden in ihnen wohnen. Das ist genuin deuterojesajanisches Gedankengut. Der unmittelbar bevorstehende, Heil erschaffende Eingriff Jahwes ist der Grund für das Jauchzen des Kosmos. Das individuelle Element ist hier nun ganz verlassen. Gottes Heilstun hat seine Wirkungen auf den Kosmos.

Wie in Psalm 22, der mit einem ähnlich weitgespannten Hymnus endet, werden in Ps 69 schier unermeßliche Räume durchschritten. Der Psalm ist schon früh als ein großer Text empfunden worden. Das Neue Testament bezieht sich nachdrücklich auf ihn. Alle vier Passionsgeschichten zitieren ihn. Ps 69 wird häufiger als Ps 22 angeführt. Was ist das Große an diesem Text? Einiges sei noch einmal herausgehoben:

1) Psalm 69 ist ein Text, der wie kaum ein anderer bezeugt, daß Not herausgeschrieen werden kann und darf. Der Hilfeschrei ist auch in der Ära des Neuen Testaments erlaubt. Wenn Jesus am Kreuz mit dem Ps 22 »Warum hast du mich verlassen« stirbt, dann hat er die Klage, die sich im alttestamentlichen Psalter artikuliert, auf sich genommen. Er ist mit dieser Klage solidarisch und hat sie legitimiert.

2) Wenn geklagt wird, dann mit Leib und Seele. Dann gilt keine Domestizierung, vielmehr steht die ganze Vitalität auf dem Spiel. Beten ist Leben. Es bringt vor den Gott, der das Schreien nicht ungehört verhallen läßt und neues Leben ermöglicht. Der Umschwung – so häufig im Psalter bezeugt – müßte auch auf den nachvollziehenden Beter dieses Reinigende haben.

3) Der Psalm ist groß. Er paßt wegen seiner Größe sicher nicht jedem. Wer aber leidet, schwer leidet, wird sich vielleicht hier wiederfinden. Das ist nicht ein Psalm, den ein Mensch zu jeder Gelegenheit beten kann und soll. Das ist kein Text für jeden Tag, wohl aber ein Text für die Stunde großen Leides.

Vielleicht ist mit diesen wenigen Worten zu einem großen Text des Alten Testaments deutlich geworden, welche erschließende und reinigende Kraft dieser Text auch für uns haben kann. Es ist nur notwendig, die Worte des Psalmes in sich einsinken zu lassen. Aus tiefster Dunkelheit mag sich auf einmal ein Licht entzünden, das zu kosmischem Lob ermächtigt.

»Wie zahlreich sind deine Werke, Jahwe«

Analyse und Interpretation von Psalm 104

Die künstlerische Intuition, der wir die Existenz dieses Textes verdanken, findet sich in den Worten ausgesprochen:

»Wie zahlreich sind deine Werke, Jahwe,
sie alle – in Weisheit hast du sie gemacht!
Die Erde ist voll von deinen Geschöpfen!« (V. 24).

In diesem Vers ist wohl das auslösende Moment für die Formung des Textes zu sehen. Es ist das grenzenlose Staunen über die Vielfalt und weise Ordnung dessen, was der Dichter als das Werk Gottes erkennt. Das, was den Dichter dieses Textes umgibt, ist schön. Die Schönheit der Welt, in der sich der dichtende Mensch vorfindet und an der er selbst teilhat, läßt sich vor allem in der Geordnetheit dieser Welt sehen, gibt sich in der offenbaren Zielgerichtetheit alles Vorhandenen zu erkennen. Diese Schönheit fasziniert ihn, und er hebt an, zu singen und zu dichten. Freilich besteht eine gewisse Sorge: Wird sein Lied dem entsprechen, was er betroffen wahrgenommen hat? Wird sein Lied gefallen können? Am Ende seines Liedes spricht der Dichter von diesem Bedenken:

»Möge ihm (Gott) mein Dichten gefallen« (V. 34 a).

Wir wissen nicht, ob Gott dieses Lied gefällt. Darüber können wir nicht urteilen. Doch Menschen, die diesen Psalm lesen und bedenken, wird er gefallen können. Oft genug werden sie in ihm einen der schönsten und theologisch reichsten Psalmen entdecken.[1] Diese Entdeckung scheint auch den Menschen möglich zu sein, die nicht in der Lage sind, alles, was sie umgibt, sofort und unbeschwert auf Gott zurückzuführen. Zu viele bittere Erfahrungen mit sich und der Welt haben sie gemacht. Für sie könnte der Psalm eine kritische Funktion haben. Er legt ihnen nahe, die Brille abzunehmen, durch die alles Vorhandene nur schwarz in schwarz zu sehen ist, und eine Brille aufzusetzen, die zwar keineswegs alles rosarot, wohl aber das Vorhandene im rechten Licht erscheinen läßt. Für unseren Text trifft jenes Mörike-Wort zu:

Wie reizend alles! lachend, und ein sanfter Geist
Des Ernstes doch ergossen um die ganze Form –
Ein Kunstgebild der echten Art. Wer achtet sein?
Was aber schön ist, selig scheint es in ihm selbst.[2]

Ein echtes »Kunstgebild« scheint selig in ihm selbst. Aber man muß auch darauf achten. Das erfordert die Anstrengung des Aufmerkens. Die genaue Analyse eines Kunstgebildes vermag die Wahrnehmung des Schönen zu steigern und wenigstens annähernd reflex bewußt zu machen und zu rechtfertigen.

1. Die Struktur des Textes

Der umfangreiche Text ist gerahmt durch die Selbstaufforderung des Beters: »Lobe, meine Seele, den Herrn« (V. 1a. 35b). Der Schluß kehrt zum Beginn zurück. Auf die Selbstaufforderung am Ende folgt noch der Ruf hal^{e}lû-yah, der hier zum ersten Mal im Psalter vorkommt, der aber möglicherweise mit der griechischen Übersetzung (Septuaginta) mit Psalm 105 verbunden werden muß.
Durch die am Anfang und Ende gleichlautend begegnende Selbstaufforderung des Beters, die zu dem in V. 35b folgenden hal^{e}lû-yah (»preist Jah«) nicht so recht paßt, wird unser Text von vornherein gattungsmäßig als ein Hymnus eines Einzelnen bestimmt.
Auf die Selbstaufforderung in V. 1a, die Gott in dritter Person benennt, folgt zunächst ein Vertrauensmotiv, »Jahwe, mein Gott«, in direkter Anrede und die Sätze: »Du bist sehr groß! Mit Hoheit und Pracht hast du dich bekleidet« (V. 1a.b).
Auch der erste Satz von V. 2 spricht noch direkt Gott an: »Du umhüllst dich mit Licht wie mit einem Mantel« (V. 2a).
Mit dem zweiten Halbvers von Vers 2 wird nun das Thema »Jahwe – Schöpfer des Himmels« angeschlagen. Es wird bis zum V. 4 entfaltet. Der Himmel steht in unmittelbarem Zu-

sammenhang mit Gott. So ist es konsequent, daß der Himmel zuerst genannt wird. Himmel – Erde ist ein Merismus, eine Stilfigur, die durch Nennung von Teilen die Ganzheit bezeichnet. Dem Merismus entsprechend folgt das Thema »Gott, der Gründer der Erde« in den Versen 5–9. Das letzte Wort dieses Abschnittes ist wiederum das Substantiv »Erde«: »Nicht sollen sie wieder bedecken die Erde« (V. 9b). Dieses gibt dann das Thema an, bei dem der Dichter verweilen wird und das er breit ausführen wird.

Die Stichworte für die weitere Entfaltung des Themas kann man in V. 6b erkennen: »Über den Bergen standen die Wasser«. Mit diesen Worten ist das Chaos beschworen. Die Urflut, das Urmeer stand über allem. Es gab keinen Halt, bevor der Schöpfergott eingriff und den Wassern die Ordnung wies. Dies wird in V. 8 verdeutlicht. Die Wasser erhalten ihren Ort in den Quellköpfen und treten dann an die Erdoberfläche, um die Hänge der Berge hinabzufließen. Der Weg der Quellen ist das Thema des kurzen Abschnittes V. 10–12. Am Beginn dieses Abschnittes steht das Stichwort »Berge«, das schon in V. 6 und V. 8 gegeben war. Die Quellen führen ihr Wasser hinunter in die Ebenen, die Täler. Doch was geschieht mit den Gegenden, die gebirgig sind und doch auch des Wassers bedürfen? Der folgende Teil unseres Textes widmet sich diesem Thema: die Berge werden durch den Regen getränkt, so daß sie bewohnbar werden für die Lebewesen. Mit dem Substantiv »Berg« beginnt und schließt dieser Abschnitt V. 13–18. Von V. 19 an beginnt ein Teil, der die Gestirne nennt. Sie dienen zur Abgrenzung der Zeiten. So ist das Thema des Abschnittes V. 19–23 »Nacht und Tag«. In V. 24 folgt der erstaunte Ausruf des Dichters: »Wie zahlreich sind deine Werke, Jahwe!«

Dann lenkt er den Blick auf das Meer. Diese Gegebenheit der Schöpfung, die dem Menschen Furcht einjagt und ihn doch herausfordert, es durch Schiffe zu meistern, betrachtet der Dichter in den Versen 25 und 26.

Von hier aus wendet sich der Blick des Dichters auf alle Geschöpfe, die sich in ihrer Existenz und in der Beständigkeit ihres Lebens Gott verdanken. Tod und Leben werden auf Gott zurückgeführt. Dieser Abschnitt erstreckt sich von V. 27–30.

Mit dieser Wendung zum Allgemeinen ist das Korpus des Gedichtes zu seinem Ende gekommen.

In den Versen 31–35 folgt dann der zweiteilige hymnische Abgesang. Zunächst äußert der Dichter Wünsche für Gott selbst und bekennt nochmals dessen Größe (V. 31–32), ehe er dann, streng korrespondierend dazu, Wünsche für sich selbst äußert, die aber ganz auf Gott bezogen sind (V. 33–35a).

Unter inhaltlichen Gesichtspunkten läßt sich der umfangreiche Text folgendermaßen strukturieren:

Selbstaufforderung (V. 1a)

1) Preis des großen Gottes: V. 1a^{a}.b–2a.
2) Gott, der Schöpfer des Himmels: V. 2b–4.
3) Gott, der Schöpfer der Erde: V. 5–9.
4) Gott, der den Quellen den Weg weist: V. 10–12.
5) Gott, der Spender des Regens: V. 13–18.
6) Gott, der Herr über die Gestirne, über Nacht und Tag: V. 19–23.

Staunender Ausruf: V. 24

7) Gott, der Herr über das Meer: V. 25–26.
8) Gott, der Erhalter seiner Schöpfung: V. 27–30.
9) Hymnischer Abgesang: V. 31–35a

a) Es freue sich Gott an seinem Werke: V. 31–32.
b) Ich will mich freuen an Gott: V. 33–35a.

Selbstaufforderung (V. 35b)

Die Struktur des Gedichtes läßt sich erheben, wenn man den vom Dichter angesprochenen Themen nachgeht. Doch eine formale Beobachtung läßt noch einmal innehalten. Schon im ersten Vers ist die persönliche Anrede Gottes aufgefallen. Von V. 2a an folgt dann aber ein Stück, das sich bis zum V. 6 erstreckt, in dem von Gott in dritter Person geredet wird. V. 7–9 ist wieder ein Du-Stück, auf das in V. 10–12 wieder ein Er-Stück folgt. Dieses Er-Stück wird klar fortgesetzt in V. 14 – in V. 13 ist eine textliche Unsicherheit – und endet erst in V. 19. In dem Komplex von V. 20–30 wird Gott direkt mit »Du« angeredet. Der hymnische Abgesang ist unter dieser Rücksicht ein Er-Stück. Damit ergibt sich folgendes Bild:

Du-Stück: V. 1a^{a}b
Er-Stück: V. 2–6 (V. 6?)
Du-Stück: V. 7–9

Er-Stück: V. 10–12
Er-Stück: V. 13–19 (V. 13?)
Du-Stück: V. 20–30
Er-Stück: V. 31–35

Wie man leicht sieht, decken sich diese Abschnitte nicht mit denen, die man nach inhaltlichen Gesichtspunkten herausstellen kann. Wie ist dieser Wechsel von Er- und Du-Stücken zu interpretieren? Erst in einer neueren Monographie ist der Hymnus des Einzelnen eingehender analysiert worden. Bisher stand in der Forschung der Texttyp im Vordergrund, der mit einem Imperativ beginnt. Man hat ihn den »imperativischen Hymnus« genannt, z. B. Ps 148. Die Analyse der Texte, die man dem Typ »Hymnus enes Einzelnen« zuordnen kann, zeigt deren Vielgestaltigkeit. Bestimmte Formelemente lassen sich erheben, die auf je eine ursprünglich eigenständige Gattung schließen lassen. Diese Formelemente sind die Jahwe anredende Sprechweise und die partizipale Reihung.[3] Der Rückschluß von diesen Formelementen auf ursprüngliche Gattungen aber ist insofern schwierig, als in den uns vorliegenden Hymnen diese Stilformen vermischt gebraucht werden. Wenn bei dieser Rekonstruktion etwas Richtiges gesehen ist und auch das zugrundeligende Dogma der Formkritik überhaupt zutrifft, daß die reine Form immer am Anfang steht, Formenmischung ein Zeichen später Entstehungszeit ist, dann lassen die Beobachtungen an unserem Text einige Vermutungen zu, wann er entstanden sein könnte. In Ps 104 sind die verschiedenen Formmerkmale – Jahwe anredende Partien und partizipiale Reihung – virtuos zu einem Ganzen verschmolzen worden.[4] Da Ps 104 keine direkten Hinweise auf kultisch-rituelle Vollzüge enthält, mit dem überkommenen Form- und Traditionsmaterial schöpferisch umgeht und in ihm der Bezug des Einzelnen zu Gott zentral ist, dürfte er relativ spät in der Literaturgeschichte Israels anzusetzen sein.[5] Außer dem stilistischen Verfahren könnten auch die inhaltlichen Berührungspunkte unseres Textes mit der priesterlichen Schöpfungsgeschichte (Gen 1, 1–2, 4 a) seinen Platz in der Spätzeit anzeigen.
Mit dem Stichwort »priesterschriftlicher Schöfpungstext«

haben wir aber auch den zweiten Gang zur Erläuterung des Textes von Ps 104 erreicht, der auf die zugrunde liegenden Traditionen achten soll.

2. *Die in Ps 104 verarbeiteten Traditionen*

Die Nähe unseres Textes zu Gen 1, 1 ff ist schon immer aufgefallen. Bisweilen hat man gesagt, der Dichter von Ps 104 habe das Erzählungsmaterial von Gen 1 »vor Augen« gehabt[6]. Immerhin läßt sich in V. 6f, wo sich das Motiv des Kampfes zwischen dem Chaos (der Urflut) mit dem erschaffenden Gott findet, leicht eine Parallele zu Gen 1, 2 ziehen. Auch in V. 14 scheint wie in Gen 1, 29–30 eine vegetarische Speiseordnung vorausgesetzt zu sein, die in der Priesterschrift erst nach der Sintflut aufgehoben wird (vgl. Gen 9, 3). Die Erschaffung der Gestirne in Ps 104, 19 atmet denselben entmythisierenden Geist wie auch Gen 1, 14–19. Die Erschaffung der Gestirne wird erst nach der Schaffung von Land und Meer, ja erst nach den Pflanzen genannt. Auch der Ausdruck »Gewimmel« (V. 25) hat eine Paralelle in Gen 1, 21.30 und 9, 2f. Die Verwendung des im AT nicht so häufigen, aber theologisch wichtigen Verbums »erschaffen« in V. 30 und Gen 1, 1.27; 2, 3.4 a; 5, 1 f weist auf die Nähe der Texte zueinander hin.

Doch neben diesen Berührungen unseres Psalms mit Genesis 1 sind große Unterschiede zwischen den beiden Texten nicht zu übersehen. Es fehlt das Sechstagewerk, vor allem aber bietet Ps 104 die auch in Gen 1 zugrundeliegenden mythologischen Anschauungen noch in einer äußerst archaischen Form. Gerade in den Versen 2–9 kommen uralte Motive vor. Doch muß diese Tatsache nicht gegen die späte Entstehungszeit des Psalms sprechen. Denn auch die Ijobdichtung (Ijob 3–42), die zu den jüngsten Schichten der alttestamentlichen Literatur zu zählen ist, verarbeitet dichterisch alte Vorstellungen. Die Spätzeit hat gern altertümliche Motive aufgenommen. Denn jetzt waren sie nicht mehr so leicht mißzuverstehen. Sie konnten vielmehr ohne Gefahr in den Dienst typisch israelitischer Glaubensaussagen genommen werden.

Ps 104 steht darüber hinaus einem berühmten ägyptischen Text nahe: dem Sonnenhymnus des Ketzerkönigs Amenophis IV., der sich den Namen Echnaton gab (1367–1350 v. Chr.). Die Berührungen dieses Textes mit unserem Psalm sind so auffällig, daß man Ps 104 direkt von diesem Text beeinflußt gesehen hat. Das ist immerhin möglich, denn wir besitzen ein Beispiel für eine derartige Übernahme: Ganze Passagen aus der Lehre des Amen-em-ope sind in Spr 22,17–24,22 eingegangen. Doch trotz dieses Beispiels kann eine ganz eindeutige Aussage bezüglich unseres Textes nicht gemacht werden. Denkbar wäre, daß Gedanken und Formulierungen des ägyptischen Hymnus dem doch so viel später lebenden Dichter unseres Psalmes durch syrisch-palästinische Vermittlung zukamen.
Die Verse 20–30 stimmen sachlich und formal mit dem Echnaton-Hymnus überein. Man kann sich fragen, ob wegen dieser Parallelität Ps 104 aus zwei Quellen zusammengesetzt ist, zumal er in seiner jetzigen Form Doppelaussagen zu enthalten scheint (vgl. V. 14b–V. 23; 14a–V. 27f; V. 19–V. 20. 22).[7]
Außer den Übereinstimmungen lassen sich aber auch gewichtige Unterschiede zwischen den Texten nicht übersehen:
1) Im Hymnus des Echnaton ist die Sonne die alles Leben tragende und durchstrahlende Gottheit. Sie ist der einzige Gott. Im Ps 104 ist sie lediglich ein Geschöpf, das zur Bestimmung der Zeit dient.
2) Die Nacht ist in dem Gedicht des Echnaton ein unbewältigtes Problem. Sie ist die Folge des Fortgangs des Aton. Eine Sphäre des Todes breitet sich aus. Es entsteht ein theologisches Vakuum, das der Hymnus nicht füllen kann.[8] In Psalm 104 wird die Finsternis von Jahwe selbst heraufgeführt, sie steht unter seiner Botmäßigkeit. Er selbst aber bleibt über dieser Veränderung derselbe.[9]
Neben den Traditionen Gen 1 und dem Echnaton-Hymnus ist schließlich ein weiteres Element zu erkennen, das zum Bau unseres Textes beigetragen hat: die Bildungsweisheit, die altorientalische Listenwissenschaft, die sich in den sogenannten Onomastika (Namenslisten) im mesopotamischen wie im ägyptischen Raum ein literarisches Zeugnis geschaffen hat.

3. Zur Interpretation des Textes

Nachdem wir uns des Baus des Psalms und der in ihm verarbeiteten Traditionen und Motive vergewissert haben, sei nun versucht, die Aussage des Textes als eines Ganzen in den Blick zu nehmen.

a) Der »sehr große« Gott

Der Psalm beginnt mit dem Bekenntnis zur Größe Gottes. Obwohl Gott der »sehr Große« ist, ist er doch des Beters Gott:

»Jahwe, mein Gott – du bist sehr groß.« (V. 1)

Damit sind bereits alle Dimensionen gegeben: Gott ist der Überweltliche, der über Himmel und Erde unendlich Erhabene. Er ist von allem, was er nicht ist, unendlich geschieden. Und doch ist er zugleich der Gott, der ein Verhältnis zu dem Beter aufrechterhält. Er thront nicht in unbeteiligter Ferne in seinem Lichtglanz, der ihn wie einen Mantel umgibt, er ist nicht nur ein hoheitlicher, prächtiger Gott. Gerade weil er das ist, kann er des Beters Gott werden und sein, ohne von seiner Heiligkeit einzubüßen. Der sehr große Gott erweist sich dadurch als der Große, daß er Himmel und Erde gemacht hat. In V. 2b–4 und V. 5–9 und schließlich im hymnischen Abgesang V. 32 wird die Größe Gottes an der Größe seines Werkes abgelesen.

Der Himmel ist das erste Schöpfungswerk, das dem Dichter zu nennen notwendig erscheint. »Der Himmel ist ja derjenige Teil des Weltalls, den die religiöse Phantasie, zumal entwikkelter Religionen, in die nächste Beziehung zu Gott selber setzt: im Himmel wohnt er, am Himmel fährt er auf Wolken und Stürmen einher, vom Himmel her sendet er Winde und Flammen als Boten und Diener. Dieselben oder ähnliche Aussagen hören wir außerhalb Israels und schon lange vor Israel bei den Völkern ringsumher, die ihre höchsten Götter als Himmelsgötter denken: kein Wunder, denn nichts anderes stimmt den Menschen so sehr zur Andacht als die gewaltigen und zugleich so geheimnisvollen Erscheinungen des Himmels. So ist es natürlich, daß auch Israel die Prädikate der Himmelsgötter auf seinen Jahwe übertragen hat«.[10] Der Himmel ist für den Menschen ein großes Geheimnis. Und auf mancherlei Weise hat man sich seine physikalische Existenz gedeutet. Der Beduine denkt sich den Himmel als ausgespanntes Zeltdach (V. 2b vgl. Jes 40,22); der Bauer und Bürger, der in einem Hause wohnt, dachte sich das Weltall als ein festes zweistöckiges Gebäude, dessen oberer Teil, der »Söller«, Gottes Behausung ist (V. 3a; vgl. Am 9,6). Zugleich wird im Obergemach auch ein gewaltiger Ozean gesehen, aus dem dann der Regen sich über die bewohnte Welt ergießen kann (vgl. V. 13). Das Bild des Wolkenfahrers in V. 3b. 4 enthält Vorstellungen, die offenbar von der Gewittergottheit Baal/Hadad auf Jahwe übertragen worden sind.

Gott ist der Große, weil er den Himmel erschaffen hat. Aber er ist auch der Große, weil er die Erde erschaffen hat. Er hat ihr Festigkeit verliehen, indem er sie auf Säulen gegründet hat. Die Vorstellung ist auch hier wieder die von einem Pfahlbau (V. 5). Die Betonung der Festigkeit der tragenden Pfeiler interpretiert den Schöpfungsvorgang als Stabilisierung des Haltlosen. V. 6–7 bringt dann das durch das babylonische Weltschöpfungsepos bekannte Thema von dem Chaoskampf. Der erschaffende Gott bringt sein Werk zu Ende, indem er das Chaos, die alte Urflut, bisweilen als Drachen vorgestellt, besiegt. Die hier gegebene Vorstellung ist archaischer als in Gen 1,2, aber auch dort liegt die alte Auffassung von der chaotischen Urflut, gegen die sich der erschaffende Gott im Kampf durchsetzt, zugrunde:

»Der Herr (=Marduk) trat auf die Beine der Tiamat (die altl. »Urflut«).
Mit seiner schonungslosen Streitkeule zermalmte er ihren Schädel,
und als er die Adern ihres Blutes zerschnitten hatte,
trug es (=das Blut) der Nordwind in unbekannte Gefilde.
Als seine Väter dies sahen, freuten sie sich und jauchzten,
überbrachten ihm Huldigungsgaben.
Dann ruhte der Herr und betrachtete ihren Leichnam,
gewillt, das Gebilde zu zerteilen und Kunstvolles zu schaffen.

Er hälftete es wie einen Trockenfisch,
setzte die eine Hälfte hin und machte sie zum Firmament,
zog eine Haut darüber, stellte Wächter auf
und wies sie an, ihr Wasser nicht herausfließen zu lassen.«[11]

Mit Hilfe dieser alten Vorstellungen versucht der Dichter die Größe seines Gottes zu Bewußtsein zu bringen. Der Abschnitt, der die ganz großen Schöpfungswerke vor Augen hat, bringt durch die mythologischen Stoffe neben dem Aspekt der Schöpfung noch den weiteren zur Sprache: Die Schöpfung ist dauernd durch das Chaos gefährdet. Der ordnende Gott muß ihm seinen Raum anweisen, damit es die Schöpfung nicht zerstört. Hier deutet sich bereits das an, was besonders unter dem Thema »der erhaltende Gott« zu bedenken ist.

b) Der um den Mikrokosmos bemühte Gott

Nach dem mit hochmythologischen Vorstellungen durchsetzten ersten großen Abschnitt unseres Textes kommt in V. 10–23 die Welt zur Sprache, die den Dichter unmittelbar umgibt. Die Details geben durchaus die geographischen Verhältnisse, die Vegetation und Fauna Palästinas wieder. Hier wird die sensible Beobachtungsgabe des Dichters deutlich. Wie ihm nichts zu klein ist, um sich darüber zu wundern, so stellt er Gott als den dar, der sich auch um das Kleinste bekümmert. In V. 14 könnte man außer an die priesterliche Schöpfungsgeschichte auch an den Auftrag Gottes für den Menschen in der jahwistischen Schöpfungsgeschichte denken (vgl. Gen 2,5.15).
In dem ganzen Abschnitt spricht sich deutlich die Freude über all das aus, was der Dichter beobachten kann. In ihm kommt auch die Bildungsweisheit zum Zuge, über die er verfügt. Wie ein Leitwort wirkt das Verbum »satt werden« (Vgl. V. 13.16.28). Durch Gottes Sorge werden alle seine Geschöpfe satt.
V. 19 und die folgenden Verse lenken die Aufmerksamkeit auf sich. Ganz wie in Gen 1,14ff wird die Erschaffung der Gestirne, bei der entsprechend dem lunaren Kalender der Mond zuerst genannt wird, völlig entmythisiert zur Sprache

gebracht. Die siderischen Phänomene, die den gesamten antiken Orient so faszinierten, daß er in ihnen Gottheiten sah, sind hier in ihrer reinen Funktionalität dargestellt. Angesichts der Versuchung durch die religiösen Auffassungen der Israel umgebenden Völker ist die Energie, mit der die Himmelskörper als Jahwe untergeordnete Geschöpfe dargestellt werden, erstaunlich.
Auch bei der Schilderung von Nacht und Tag manifestiert sich die hohe dichterische Kraft des Verfassers. Nach dem erstaunten Ausruf – in einer rhetorischen Frage formuliert (V. 24) – wird betont noch einmal das unheimliche Phänomen »Meer« beschworen. Aber der Mensch vermag auch dieses zu meistern. Staunen über die Kraft zur Bemächtigung der Naturgewalt durch den Menschen und das Wissen darum, daß Jahwe mit dem so furchterregenden Leviatan spielt, prägen V. 25–26.

c) Der das Leben erhaltende Gott

Gott ist nicht nur der am Anfang erschaffende Gott, sondern er erhält auch allen seinen Geschöpfen das Leben. Die Verse 27–30 machen das auf eindringliche Weise deutlich. In diesem Abschnitt richtet sich der Blick auf den Tod (V. 29–30). Hier sind möglicherweise Anspielungen auf die jahwistische Erzählung vom Sündenfall gegeben (vgl. Gen 3,19). Verbirgt sich Gott, so überfällt die Geschöpfe der Schrecken. Wenn die Verbindung zwischen Schöpfer und Geschöpf nicht abreißt, dann ist der Tod keine Gefährdung. Man wird aus diesen Versen nicht direkt etwas über das Thema »Unvergänglichkeit oder Unsterblichkeit« der Geschöpfe entnehmen können. Aber sie deuten an, worin die in Grenzaussagen des AT bewahrte Lösung angesichts des Todes bestehen wird: in der auch über den Tod hinaus bewahrten Gottesgemeinschaft (vgl. Ps 73,23–28).
V. 30 wird man als abschließenden Höhepunkt zu verstehen haben. Gott sendet immer wieder neu seinen Geist. So werden neue Generationen erschaffen, die das Antlitz der Erde erneuern. Vielleicht weist dieser Satz auch auf die Vorstellung von einem neuen Himmel und einer neuen Erde hin (vgl. Jes

65, 16b–25). Nicht umsonst wird an dieser Stelle das Verbum »erschaffen« gebraucht, das im ganzen Alten Testament nur von Gott ausgesagt wird.

Kommt schon ein Realismus zum Ausdruck, wenn der Tod gelassen hingenommen wird, so schließt der Dichter vor der anderen Seite der Wirklichkeit nicht seine Augen. Im Abgesang kommt er auf das zu sprechen, was in der von Gott weise geordneten Welt quer liegt: Sünder und Frevler (V. 35a). Er bittet darum, daß dieses fundamental Störende beseitigt werden möge. Der ganze Psalm zeigt den Menschen in der Solidarität mit der ganzen Schöpfung. Von ihm ist in V. 14f.23 und indirekt in V. 26 die Rede; doch wird dem Menschen anders als in Ps 8 und Gen 1, 28 keine Sonderstellung zugeteilt. Seine »Sonderstellung« besteht vielmehr darin, daß er als Sünder und Schuldiger die von Gott gewollte Gefügtheit und Festigkeit der Schöpfung aus dem Gleichgewicht zu bringen imstande ist.[12]

Der hymnische Abgesang ist klar strukturiert. Der Beter äußert Wünsche in bezug auf Gott: Gottes Herrlichkeit sei ewig. Die Herrlichkeit ist der Lichtglanz Gottes, der sich über seine Schöpfung ausbreitet. In den beiden Teilen des Abgesangs V. 31–32 und V. 33–35 begegnen zwei ganz parallele Sätze, die zum Schluß nochmals die geistige Höhenlage dieses Textes verdeutlichen:

»Es freue sich Jahwe an seinen Werken« (V. 31b).
»Ich, ich will mich freuen an Jahwe« (V. 34b).

Gott möge sich erfreuen an seiner Schöpfung. In der Genesis begegnet als festes Element des priesterlichen Schöpfungstextes die Billigungsformel »Es war gut, es war sehr gut«. Möge Gott das weiterhin sagen und seine Freude haben an dem, was er gemacht hat.

Der Psalm ist sicher inspiriert von der Wahrnehmung der Geordnetheit der Schöpfung. Das stellten wir am Anfang fest. Doch das Lied mündet ein in die Selbstaufforderung »Ich will mich freuen an Jahwe«. Das ist ein erstaunlicher Satz, und auch die Folge der Sätze ist erstaunlich. Der Dichter wird von der Schönheit der Schöpfung, dem Resultat der Freude Gottes an seinem Wirken, dazu geführt, sich selbst an

Gott zu freuen. Das genaue Gegenbild zu dieser Bewegung findet sich in dem Text der Weisheit:

»Töricht waren von Natur alle Menschen, denen die Gotteserkenntnis fehlte. Sie hatten die Welt in ihrer Vollkommenheit vor Augen ohne den wahrhaft Seienden zu erkennen. Beim Anblick der Werke erkannten sie den Meister nicht ... Wenn sie diese, entzückt über ihre Schönheit, als Götter ansahen, dann hätten sie auch erkennen sollen, wieviel besser ihr Gebieter ist; denn der Urheber der Schönheit hat sie geschaffen. Und wenn sie über ihre Macht und ihre Kraft in Staunen gerieten, dann hätten sie auch erkennen sollen, wieviel mächtiger jener ist, der sie geschaffen hat; denn von der Größe und Schönheit der Geschöpfe läßt sich auf ihren Schöpfer schließen. Dennoch verdienen jene nur geringen Tadel. Vielleicht suchen sie Gott und wollen ihn finden, gehen aber dabei in die Irre. Sie verweilen bei der Erforschung seiner Werke und lassen sich durch den Augenschein täuschen; denn schön ist, was sie schauen« (Weish 13,1–7).

Unser Dichter vermag über der Schönheit der Geschöpfe Jahwe als den Schöpfer zu erkennen. Nicht über die Werke will er sich freuen, sondern über Jahwe selbst. Denn er macht alles zum Gegenstand seiner Freude, wenn er sich über den freut, der sich über alle seine Werke freut. In solcher Freude ist die ganze Existenz ein Singen und Spielen für Gott.

Erzählerische Versuche

Amos in Bet-El

Eine Geschichte, wie sie sich vor rund 2700 Jahren ereignet haben könnte[1]

Ich heiße Elem. Von Beruf bin ich ein kleiner Bauer. Ich lebe in der Zeit, in der in Israel für einige noch einmal der Wohlstand ausgebrochen ist. Außenpolitisch herrscht Ruhe. Unser König hatte militärische Erfolge zu verzeichnen. Deshalb werden wir zur Zeit nicht durch Kriege aufgescheucht. Dennoch steht es bei uns nicht zum besten. Das kann ich aus Erfahrung sagen. Mein kleines Grundstück, das ich von den Vorfahren geerbt habe, kann ich nur mit Mühe halten. Die Abgaben und Steuern sind hoch. Schon mehrmals bin ich der Gefahr, mich in die Schuldsklaverei zu begeben, nur knapp entkommen. Viele meiner Bekannten hatten dieses Glück nicht. Sie konnten die Abgaben an Korn, Wein und Öl nicht aufbringen und mußten deshalb ihr Grundstück verkaufen. Sie wurden abhängige Lohnarbeiter. Ihr Los ist wirklich mies. Da kann es passieren, daß sie, nur weil sie ihrem Herrn ein Paar lumpige Sandalen schulden, von diesem Herrn verkauft werden. Ein empörender Zustand! Und das im Jahre 760 v. Chr.! Wie gesagt, ich habe noch meine Selbständigkeit retten können. Ich lebe mit meiner Familie in einem kleinen Ort im Bergland von Samaria. So weit zu meiner persönlichen Lage. Nun zu dem Erlebnis, das ich beim Herbstfest im Jahre 760 hatte.

Der Sommer war vorüber, und das jährliche Erntedankfest, das sogenannte Lesefest, stand bevor. Das ist ein Fest, an dem wir eine Wallfahrt zu dem nicht weit gelegenen Heiligtum Bet-El zu machen pflegen. Dieser Ort ist uns heilig, weil ein-

mal dort unser Vorfahr Jakob den Traum von der Himmelsleiter gehabt hat und weil dort Gott dem Jakob versprochen hat, ihm und seinen Nachkommen dieses Land zu geben. In der Zwischenzeit sitzen wir in diesem Land und einer unserer Könige hat vor 200 Jahren dort einen Tempel gebaut.
Ich muß gestehen, daß ich nicht sehr viel Lust hatte, in diesem Jahr die Wallfahrt zu dem berühmten Heiligtum zu machen. Die Ernte war nicht besonders gut gewesen. Die Wallfahrt aber ist ein kostspieliges Unternehmen. Opfertiere und der zehnte Teil der Ernte müssen mitgenommen werden, dazu noch etwas für freiwillige Opfergaben. Ich habe den ganzen Betrieb eigentlich satt. Denn schon längst ist mir klar geworden, daß die Leute, die dort zusammenkommen, nichts anderes tun, als mit ihren großartigen Opfern anzugeben. Für einen nicht sehr reichen Mann wie mich ist das immer wieder ein demütigender Vorgang. Aber meine Familie drängte, und außerdem gingen alle in unserem Dorf auf die Wallfahrt, also auch ich mit den Meinen.
Die Reise nach Bet-El verlief reibungslos. Nur 30 Kilometer liegt unser Dorf von Bet-El entfernt. Am Tag nach unserer Ankunft ging ich mit einem Schaf für das Schlachtopfer in Richtung Heiligtum. Der Betrieb war schon am Morgen eindrucksvoll. Am Tor zum Tempel stand eine Traube von Menschen. Sie hatte sich um einen Mann gesammelt, der offensichtlich etwas zu sagen hatte. Ich dachte: Immer wieder diese Priester mit ihrer Unterweisung, was wir zu tun und zu lassen haben. Es war nämlich Brauch, daß die Priester uns ständig aufs neue unterrichteten, wie wir die Wallfahrt recht begehen sollten. Ich kannte den Text schon auswendig:

»Kommt herbei nach Bet-El, kommt herbei!
Bringt am Morgen eure Schlachtopfer,
am dritten eure Zehnten!
Verbrennt als Dankopfer gesäuertes Brot!
Ruft zu freiwilligen Opfern auf, laßt es laut hören!
Das liebt Gott!« (vgl. Am 4,4–5).

Da ich diesen Spruch bereits kannte, wollte ich gleich weitergehen. Aber der Mann redete laut, und etwas Unbestimmtes zog mich an. Ich blieb stehen und hörte dieses:

»Kommt nach Bet-El – und begeht Verbrechen!
nach Gilgal – begeht noch mehr Verbrechen!
Bringt am Morgen eure Schlachtopfer,
am dritten Tag eure Zehnten!
Verbrennt als Dankopfer gesäuertes Brot!
Ruft zu freiwilligen Opfern auf, laßt es laut hören!
Denn so liebt ihr es, ihr Söhne Israels!
Spruch Gottes des Herrn« (Am 4,4–5).

Ich war völlig überrascht. Das war offensichtlich kein Priester, der da redete! Kommt nach Bet-El – und begeht Verbrechen! Was soll das? Die fromme Wallfahrt soll ein Verbrechen sein? Was heißt das? Der Mann am Tempeltor wiederholte noch einmal seine Worte. Und wieder dieses: Begeht Verbrechen, begeht noch mehr Verbrechen! Und dann der Schluß seiner Rede: »So liebt ihr es, ihr Söhne Israels!« Sollte hier etwa unser ganzer Opferbetrieb verspottet werden? Ja, es schien mir viel mehr: Der Mann griff unseren religiösen Rummel ganz grundsätzlich an. Was wir als Gottesdienst verstanden, entlarvte er als eine Gelegenheit, bei der wir uns nur selbst feierten. Und das Erstaunlichste war: Dieser Mann trat im Namen unseres Gottes auf und ließ hierüber gar keinen Zweifel aufkommen.
Der Mann imponierte mir. Mit Worten des Priesters trat er auf und äußerte ganz unpriesterliche Ansichten. Solche Gedanken waren mir bisweilen auch schon durch den Kopf gegangen, aber noch nie hatte ich sie auszusprechen gewagt. Ich wunderte mich, daß das Tempelpersonal den Mann so unbehelligt ließ. Das war irgendwie befremdend. Aber es sollte noch besser kommen.
Ich hatte mein Opfer dargebracht. Der Priester hatte mich des göttlichen Wohlgefallens versichert. Er hatte den Teil, der für die Priester bestimmt war, an sich genommen, und das für mich und meine Familie zum Opfermahl Bestimmte mir gegeben. Nun bahnte ich mir den Weg durch die im Tempelvorhof versammelte Menge. Ich kam wieder an dem Tor vorbei. Der Mann stand immer noch da und redete, von Menschen umgeben, die ihm gebannt zuhörten:

»Ich hasse eure Feste, ich verabscheue sie
und kann eure Feiern nicht riechen.
...
Ich habe keinen Gefallen an euren Gaben,
und eure fetten Heilsopfer will ich nicht sehen.
Weg mit dem Lärm deiner Lieder!
Dein Harfenspiel will ich nicht hören!
Das Recht ströme wie Wasser,
die Gerechtigkeit wie ein nie versiegender Bach«
(Am 5,21–24).

Verblüfft vernahm ich diese Worte, nachdem mir doch eben erst der Priester erklärt hatte, wie wohlgefällig Gott mein Opfer war. Hier erklärte der Mann in der Form der Gottesrede, die ganz großes Gewicht hat – wenigstens bei uns damals –, daß Gott an den ganzen Opfern kein Gefallen hat und sie nicht sehen und nicht riechen sowie unsere Lieder nicht hören kann! Nicht Opfer forderte dieser von dem Mann verkündete Gott, sondern Recht und Gerechtigkeit:

»Das Recht ströme wie Wasser,
die Gerechtigkeit wie ein nie versiegender Bach ...
Aber ich werde euch in die Gebiete jenseits von Damaskus verbannen,
spricht der Herr, Gott der Heere ist sein Name« (V. 27).

Das klang wie eine Drohung. Blitzartig wurde mir klar, was der Mann sagen wollte: Es gibt kein Recht und keine Gerechtigkeit bei uns, statt dessen häufen wir Opfer auf Opfer. Aber diese Opfer sind ein Alibi. Weil das, was menschenwürdiges Leben ermöglicht, Recht und Gerechtigkeit, bei uns nicht vorhanden sind, wird Gott höchstpersönlich eingreifen und uns in die Verbannung schicken. Recht und Gerechtigkeit sind ja wirklich wie Wasser, das wir zum Leben brauchen. Die Leute, die dem Mann zuhörten, waren wohl alle nicht zu den besseren Kreisen zu rechnen. Sie nahmen seine Worte ernst auf. Als er von Recht und Gerechtigkeit sprach, nickten einige zustimmend, einige klatschten sogar Beifall.
Ich wandte mich an einen der Zuhörer und fragte ihn, ob er den Mann kenne und was dieser wohl mit seinen Reden be-

zwecke. Der Mann hatte aufgehört zu reden, und so gab der von mir Angesprochene Antwort. Es sprudelte nur so aus ihm heraus: »Du kennst Amos nicht? Das ist Amos der Prophet. Noch nie hat ein Mann in Israel so geredet. Seit einigen Tagen ist er hier in Bet-El. Er spricht gerade hier am heiligen Ort von Recht und Gerechtigkeit. Das ist sein Thema. Er deckt auf, was in unserem Land verkehrt und faul ist. Schon des öfteren hat er die korrupte Rechtsprechung aufs Korn genommen!« Er tat so, als zitiere er einen Satz dieses Amos:

»Weh denen, die das Recht in bitteren Wermut verwandeln
und die Gerechtigkeit zur Strecke bringen.
Bei Gericht hassen sie den, der zur Gerechtigkeit mahnt,
wer vollständig auspackt, den verabscheuen sie!«
(Am 5,7.10).
»Rennen denn Pferde über die Felsen,
oder pflügt man mit Ochsen das Meer?
Ihr aber habt das Recht in Gift verwandelt
und die Frucht der Gerechtigkeit in bitteren Wermut«
(Am 6,12).

»Aber nicht nur unsere Rechtsprechung, die ja schon längst keine mehr ist, hat er kritisiert«, fuhr mein Gesprächspartner fort. »Ganz scharf hat er den ungerechten Reichtum angeprangert, der sich bei der hohen Gesellschaft findet. Sogar in unserer Hauptstadt Samaria ist er aufgetreten. Da hat er's bestimmten Leuten aber gegeben! Die feiernde und saufende Damengesellschaft hat er mit feisten Kühen verglichen. Den Männern, die sich wer weiß was einbilden und sich für Spitzenleute halten, hat er angekündigt, daß sie an der Spitze in die Verbannung gehen werden! Amos – das ist unser Mann. Er setzt sich für die kleinen Leute ein. Er zeigt Unrecht auf, wo keiner es wahrhaben will. Er bringt das alte Gottesrecht wieder zur Geltung. Er sagt klar, woran unser Land krankt: an der allenthalben geübten Gewalt. Was niemand offen zu sagen wagt, das spricht er aus. Und das Beste an allem ist: Sie können ihm den Mund nicht verbieten, denn er ist von Gott geschickt und Gott ist's, der durch ihn spricht.«
So redete mein Gesprächspartner auf mich ein. Ich fragte noch: »Aber das mit dem Gottesdienst, was soll das hier? Ist

er denn gegen den Gottesdienst, den wir hier feiern?« Sofort setzte er wieder zur Erklärung an: »Freilich ist er gegen den Gottesdienst, wie er sich hier abspielt, weil er erstens nichts anderes ist als die Zurschaustellung der eigenen Eitelkeit und die Leute nur hierherkommen, um sich selbst zu beweihräuchern. Zweitens funktioniert unser Gottesdienst nicht mehr so, daß wir zur Erkenntnis von Recht und zum Tun der Gerechtigkeit ermutigt werden. Damit du richtig verstehst – Amos hat auch das gesagt (8, 4–6):

›Hört dieses Wort, die ihr die Schwachen verfolgt
und die Armen im Land unterdrückt.
Ihr sagt: Wann ist das Neumondfest vorbei?
Wir wollen Getreide verkaufen.
Wann ist der Sabbat vorbei?
Wir wollen die Kornspeicher öffnen,
das Maß kleiner, den Preis größer machen
und die Gewichte fälschen.
Wir wollen mit Geld die Hilflosen kaufen,
wegen ein Paar Sandalen die Armen.
Sogar den Abfall des Getreides machen wir zu Geld‹.

Du siehst, was Amos meint! Es geht ihm nicht darum, die Feste und die Ruhetage abzuschaffen! Ganz im Gegenteil! Im Gesetz – erinnerst du dich? – heißt es: ›Sechs Tage kannst du deine Arbeit tun, am siebten Tag sollst du ruhen, damit dein Rind und dein Esel ausruhen, und der Sohn deiner Sklavin und der Fremde Atem schöpfen können (Ex 23, 12).‹ Bei ihm kommt das alte Gottesrecht wieder voll zum Zuge. Er kritisiert die Leute, die erpicht darauf sind, daß die Feiertage vorbeigehen, damit sie ihren schmutzigen Geschäften nachgehen können, die allemal zu Lasten der kleinen Leute gehen. Amos verurteilt ganz scharf hier unseren Gottesdienst, weil er nicht dem Recht und der Gerechtigkeit Raum schafft, sondern nur der Eigenliebe dient und deswegen gar nichts mit Gott zu tun hat. Aber dann verurteilt er auch diejenigen, die jeden Feiertag nur als eine unliebsame Unterbrechung ihrer dreckigen Geschäftemacherei ansehen. Die Feiertage sollten richtig begangen werden! Sie sollen der Ruhe dienen und der Besin-

nung auf das, was Gott von uns will: daß wir brüderlich, gerecht miteinander umgehen.«
So erklärte mir der Mann aus dem Zuhörerkreis des Amos dessen Worte. Er selbst war wohl ein echter Anhänger dieses Propheten. Mich machte diese Begegnung sehr nachdenklich – und ich gab Amos recht.
Wir – meine Familie und ich – hielten uns nur noch zwei Tage in Bet-El auf. Einige Wochen später machte auch bei uns im Dorf die Nachricht die Runde: Amos, der Prophet, ist auf höchsten Befehl wegen seiner aufrührerischen Reden aus Bet-El und überhaupt aus unserem Land ausgewiesen worden.

Auftritt des Jesaja auf dem Platz vor dem Stadttor (Jes 5,1–7)[1]

Ich will euch von einem persönlichen Erlebnis erzählen. Es liegt nun schon einige Zeit zurück. Aber ich meine, daß es euch interessieren wird, zumal es für mich Folgen gehabt hat.

Bevor ich mit meiner Geschichte beginne, möchte ich mich aber vorstellen, damit ihr wißt, mit wem ihr es zu tun habt. Ich heiße Bachur.

Meine Eltern stammen vom Lande, sind aber bald nach ihrer Heirat nach Jerusalem umgezogen: das Phänomen der Landflucht. Mein Vater hat sich dort langsam hochgearbeitet. Er nimmt heute, im Jahr 738 v. Chr., die nicht ganz unbeachtete Stellung eines Schreibers in der königlichen Kanzlei ein. In Jerusalem bin ich auch geboren. Wir haben ein hübsches Häuschen an der Stadtmauer. Ich bin gerade 18 Jahre alt, und seit drei Jahren besuche ich das edubba, das heißt das »Tafelhaus«. Das edubba oder Tafelhaus entspricht dem, so meine ich, was ihr Universität nennt. In der Universität studiert ihr ja und erwerbt euch die Kenntnisse, die nun einmal für die besseren Berufe nötig sind. Ganz genau dasselbe geschieht in unserem Tafelhaus. Wenn wir das Tafelhaus noch mit dem altmodischen Namen edubba – das ist ein sumerisches Wort, wie uns gleich beim Eintritt der Professor erklärte – nennen, so ist das nach meiner Meinung pure Nostalgie. Denn edubba, Tafelhaus, heißt diese Einrichtung, weil die Sumerer auf Tontäfelchen geschrieben haben. Wir schreiben ja schon längst nicht mehr auf diesem verrückten Schreibmaterial, sondern haben feinen, aus Ägypten eingeführten Papyrus. Aber wie die Leute so sind, sie behalten halt die alten Namen bei. Bei euch ist das, glaube ich, auch so. Eure höheren Bildungsanstalten tragen ja auch einen ausländischen Namen: »Universität« kommt wohl aus dem Lateinischen, obwohl doch bei euch kaum einer mehr Latein kann, und außerdem von der Vermittlung einer Universitas der Wissenschaften nicht mehr die Rede sein kann. Seht – bei uns und bei euch fast dasselbe.

Meine Eltern haben ehrgeizige Pläne mit mir gehabt. Ihnen schwebte für mich die höhere Beamtenlaufbahn bei Hof vor. Deshalb haben sie mich mit 15 Jahren ins Tafelhaus zum Lernen geschickt. Erst wollte ich partout nicht. Aber nach drei Jahren macht es mir jetzt sogar ordentlich Spaß. Ich habe nämlich ganz schönen Erfolg – wenn ich das in aller Bescheidenheit sagen darf. Den zweijährigen Grundkurs im Schreiben habe ich ziemlich gut absolviert. Zu dem Zeitpunkt des Erlebnisses, von dem ich euch ja erzählen will, hatte ich mich schon seit etwa einem Jahr den höheren Studien gewidmet, besonders der Keilschrift. Ein ganz interessantes Gebiet, aber sauschwer! Dazu kommen noch die Sprachen Akkadisch, vor allem aber auch Aramäisch, das seit einiger Zeit ein Modefach geworden ist. Die Kenntnis der beiden Sprachen eröffnet gute Berufschancen. Denn Akkadisch gibt Bildung, und Aramäisch scheint sich als internationales Verständigungsmittel in unserer ganzen Weltgegend zu etablieren – so etwa wie bei euch das Englisch. Fürs höhere Beamtentum sind jedenfalls die beiden Fächer unerläßlich. Aber in Akkadisch sind wir nur wenige, weil zwar die Sprache nicht so schwer ist – sie hat einige Ähnlichkeit mit Hebräisch –, dafür aber die Schrift sehr kompliziert ist. Im Akkadischen haben sie ja so wahnsinnig viele Schriftzeichen, die dann auch noch viele Bedeutungen haben. Da braucht man Gedächtnis und Köpfchen – und beides habe ich, in aller Bescheidenheit.
Nun, das Erlebnis, von dem ich erzählen will, fand – ich weiß es noch ganz genau – gegen Ende des siebten Semesters statt, um in eurer Sprache zu reden. Wir hatten tagsüber schwer gearbeitet. Der Tag war fast ausgefüllt mit Lehrveranstaltungen. Zuerst war Akkadisch dran. Wir lesen im Augenblick ein hochinteressantes Stück. Unser Professor bezeichnet es als klassisch: das Gilgamesch-Epos. Wir haben uns schon ziemlich weit durchgearbeitet. Heute hatten wir die 11. Tafel zunächst einmal von der Keilschrift in ordentliche Buchstabenschrift zu übertragen und dann zu übersetzen. Das kam uns alle sauer an. Aber am Schluß waren wir überrascht. Denn der Text erzählte von der Sintflut. Und eine ganz ähnliche Geschichte kennen wir ja aus unserer eigenen Literatur. Nach den anstrengenden Akkadischstunden gab es noch eine all-

gemeinbildende Veranstaltung. Ein Professor für Ägyptisch führte uns in die Hieroglyphenliteratur ein. Heute hatte er es mit einem Text, der so lautete:

»Lege Myrrhen auf dein Haupt.
Kleide dich in feines Leinen.
Salbe dich mit den echten Wundern
der Gottesopfer.
Vermehre dein Wohlbefinden,
damit dein Herz nicht erschlafft.
Folge deinem Herzen und dem, was dir gut ist.
Erledige deine Angelegenheiten auf Erden.
Kränke dein Herz nicht,
bis jener Tag der Totenklage zu dir kommt.
Der Herzensmüde hört nicht ihre Rufe.
Ihre Rufe retten niemanden aus dem Grabe.
Darum feiere einen schönen Tag
und ermatte nicht dabei.
Sieh, niemand nahm seine Sachen mit sich!
Sieh, niemand kommt wieder, der fortgegangen ist!«[2]

Das war Wasser auf meine Mühle. Ihr müßt nämlich wissen, daß ich im Geheimen schon eine ähnliche Maxime für mich hatte. Nur ist es eben die hebräische Form, ein bißchen kürzer. Über meinem Bett habe ich mir ein Schildchen angebracht und darauf steht:

»Laßt uns essen und trinken,
denn morgen sind wir tot!« (Jes 22,13).

Dieser Spruch – ich glaube er stammt von einem unserer Weisen – ist zwar nicht sehr fromm, und meine Eltern haben sich über ihn schon ganz schön geärgert; sie sind nämlich sehr gottesfürchtig, wie man zu sagen pflegt, aber mir paßt er. Kaum hatte der Professor den Text vorgetragen, fiel mir natürlich sofort mein Wandspruch ein. Ich zeige auf, der Professor fragt mich, was ich zu sagen hätte, und ich lege mit meinem Spruch los. Der Professor, ein ziemlich liberaler Mann, klatschte in die Hände und sagte: »Großartig, Bachur! Du siehst Zusammenhänge.« Aber ich war noch nicht mit meinem Beitrag zu Ende.

Wozu lese ich denn das Gilgamesch-Epos? Also wies ich darauf hin, daß auch in diesem Werk eine solche Lebensanschauung vertreten wird. Der Professor sagte nur noch: »Glänzend gesehen, Bachur.« Und er fuhr fort: »*Die* Weisheit hat sich schon in der ganzen Welt herumgesprochen.« Die Mitstudenten haben natürlich gar nichts mitbekommen. Mir brachte das wieder einmal einen Pluspunkt beim Professor. Vielleicht macht er mich noch zu seinem Gehilfen, dachte ich mir. Die Chancen standen nicht schlecht.
Das Tagewerk war also ziemlich hart gewesen, aber doch auch erfolgreich. Ich habe es natürlich gleich meinen Eltern erzählt, wie mich der Professor gelobt hat. Am Abend jedenfalls gedachte ich, mich ein bißchen zu erholen, vor allem weil am kommenden Tag das Tafelhaus nichts bot. So konnte man 'mal Pause machen.
Am Abend dieses Tages schlenderte ich durch Jerusalem. Jerusalem ist zwar Hauptstadt, doch eigentlich ein kleines Kaff. Jeder kennt jeden. Arme Leute gibt's fast gar nicht mehr in der Stadt. Die sind vor die Stadtmauern ausquartiert worden. So wohnen in der ummauerten Stadt fast nur Beamte. Alles in allem ziemlich bürgerlich – so ungefähr wie bei euch Bonn. Das ist kein schlechter Vergleich, meine ich.
Jerusalem durchläuft man bald. Ich dachte, am Platz vor dem Benjamin-Tor im Norden der Stadt müßte eigentlich etwas los sein. Und es war auch so. Auf dem Platz sammelten sich die Honoratioren der Stadt. Man ließ sich sehen und sah auch. Ich bin an sich ein strebsamer Kerl. Ich gehe nicht so häufig aus, da ich ja eine Menge zu arbeiten habe; und wenn man was werden will ... Aber bisweilen war ich schon dort. Heute abend war jedenfalls ein Mordsbetrieb. In Gruppen standen sie herum. Da waren die etablierten Herren, sie scharten sich um Schebna. Schebna ist ein hoher Beamter, ich glaube Palastvorsteher. Er läßt sich sogar schon ein Denkmal bauen, so habe ich gehört (vgl. Jes 22,15ff). Er sprach gerade – wovon sonst? – von Politik. Ich hörte ein wenig zu. Da war die Rede vom Nachbarn. Seit einigen Jahren gab's in Samaria einen neuen König, Pekach mit Namen. Er war durch einen Militärputsch an die Macht gekommen. Seinen Vorgänger Pekachja hatte er ermordet und sich dann in Samaria auf den

Thron gesetzt. So etwas gab's schon oft dort. Der Nachbar bietet in der Hinsicht immer Gesprächsstoff (vgl. 2 Kön 15,25). Da war die Rede davon, daß dieser Pekach in Verhandlungen mit Damaskus eingetreten sein soll, weil in Assyrien Tiglatpileser auf den Thron gekommen war, der ungemein tatkräftig sei. Tiglatpileser, so erinnere ich mich sofort, muß der dritte sein. Dieser Tiglatpileser habe auch militärisch etwas los, außerdem strebe er danach, Assyrien wieder zu altem Glanz zu verhelfen, indem er neue Gebiete seinem Reich einzuverleiben suche. Schebna sprach ziemlich ahnungsvoll. Man müsse sich jetzt vorsehen, vor allem Samaria könne man nicht trauen. Ich hielt das alles für komisches Zeug. Obwohl ich mich für den diplomatischen Dienst vorbereite, habe ich an Politik doch kein wirkliches Interesse. Ich bin mehr ein Schöngeist. So wandte ich mich etwas gelangweilt ab. Das waren ja auch nicht meine Kreise, jedenfalls jetzt noch nicht. Wie ich mich umdrehe, ruft mich mein Freund Jojakim. Jojakim, müßt ihr wissen, ist ein Kommilitone, ein ziemlich doofer. Bei den Arbeiten im Tafelhaus will er immer von mir abschreiben. Manchmal lasse ich das zu. Denn man kann auch von diesem ziemlich eingebildeten Kerl profitieren. Er stammt von ziemlich reichen Eltern ab und bildet den Mittelpunkt der Jerusalemer »jeunesse dorée«. Ein kleiner Playboy würdet ihr, glaube ich, sagen. »Bachur«, rief er mich, »komm her. Auf dich haben wir gerade gewartet!« Er stand im Kreise von einigen anderen jungen Männern aus den besten Familien Jerusalems. Ich fand, daß sich für mich heute alles zum besten fügte: erst der Erfolg im Tafelhaus, jetzt werde ich endlich einmal eingeführt in diesen Kreis. Deswegen habe ich mir Jojakim doch als Freund gehalten. So trat ich ganz froh in diese Runde.

Viel Tiefsinniges wurde nicht geredet. Aber es wurde nicht über Politik gesprochen, und das war schon etwas. Die jungen Leute redeten Stadtklatsch. Den Anlaß gaben die Honoratioren in der anderen Ecke des Platzes. Einer aus dem Kreis um Jojakim sprach kichernd davon, daß die Frau des Archivars sich seit neuestem unheimlich herausputzt. Sie gehe nach der neuesten Mode. Wenn sie in der Stadt zu sehen ist, dann stolziere sie einher, recke ihr Hälschen, werfe provozierende

Blicke in die Runde, immer natürlich mit Fußspangen, damit sie ja auffällt. Ob da 'was los ist, in der Ehe mit ihrem Archivar? Er ist ja sowieso ein trockener Bursche, aber einflußreich. Na ja, so ging das weiter. Es wurden die Frauen der bedeutenden Persönlichkeiten durchgehechelt, mit ihren Sönnchen und Möndchen, Ohrgehängen, Armkettchen, Prachtgürteln, Riechfläschchen und Spiegelchen (vgl. Jes 3,16ff). So redeten wir, und ich muß sagen, ich bin ganz gut in den Kreis eingeführt worden. Ich habe ja auch ein ganz liebenswürdiges Wesen, wenn ich mich anstrenge und den Streber ein bißchen verstecke.

Während wir so redeten, kam auf einmal Bewegung in die verschiedenen Gruppen auf dem Platz. Man sammelte sich, denn es war ein Mann gekommen, der sich auf den ersten Blick von den gewöhnlich hier versammelten Typen unterschied. Ich würde sagen: ein interessanter Typ; gut gekleidet. Aber das Gesicht! Interessant, interessant, schwer zu beschreiben. Mir sind noch die Augen im Gedächtnis: groß, klar blickend, zugleich ein bißchen spöttisch, vor allem tief schwarz. Ich kannte den Mann nicht, sah ihn zum ersten Mal. Er dürfte nicht so alt gewesen sein, so um dreißig, schätze ich. In der Hand hatte er einen Kinnor, eine Leier. Wenn ich mich recht erinnere, haltet ihr den Kinnor im allgemeinen für eine Harfe. Aber er ist eine Handleier und klingt ganz gut, wenn man ihn richtig spielt. Dieses Instrument benutzen unsere Erzähler und Dichter. Sie begleiten sich dabei, wenn sie ihre Lieder vorsingen. Daß der Typ so ein Instrument unter dem Arm trug, war schon vielversprechend. Ziemlich formlos, ohne große Umstände sagte er: »Ich will euch ein Lied singen.« Nun, für Unterhaltung waren alle zu haben, sogar die Leute um den Palastvorsteher Schebna. Augenscheinlich verließen sie gern die Politik, um sich ein bißchen unterhalten zu lassen. Der stadtbekannte Anwalt Natan lud den Fremden ein, zu singen. Natan war vor allem berüchtigt dafür, daß er die Gesetze immer zuungunsten der armen Leute auslegte. Prozesse hat er geführt gegen verwitwete Frauen und sie natürlich gewonnen; auf ihn ist es zurückzuführen, daß aller Grundbesitz in der Stadt in den Händen weniger Familien ist, die mehrere Häuser besitzen und aus der Vermietung 'ne

Menge Geld machen (vgl. Jes 10,1–2; 5,8). Ich weiß aus den Erzählungen meines Vaters, was es ihn gekostet hat, unser hübsches Häuschen an der Stadtmauer zu erwerben; es war für ihn erniedrigend, muß ich schon sagen! Dieser Anwalt Natan war im übrigen auch einer von denen, die notorisch schon am frühen Morgen beim Bier sitzen; er ist bei jedem Gelage dabei, ein rechter Salonlöwe, der sein Schäfchen im Trockenen hat (vgl. Jes 5,10–12).

Der Fremde übersah die Einladung unseres Staranwalts. Er schien mir ziemlich selbstsicher und auf eine Einladung dieses Klubs gar keinen besonderen Wert zu legen. Jedenfalls würdigte er Natan keines Blickes. Er hockte sich hin, schlug ein paar Akkorde auf dem Kinnor, und dann sagte er:

»Ich will ein Lied singen von meinem geliebten Freund,
das Lied meines Freundes von seinem Weinberg« (5,1).

Das war eine kurze Mitteilung; in eurer Sprache klingt sie nicht besonders, aber in meiner Muttersprache – das ist etwas anderes. Diese Ankündigung, so nüchtern sie vorgetragen war, hatte etwas Geniales. Sie klang so: »'āschîrah na'lîdîdî schîrat dôdî l^{e}karmô.

Mich als Schöngeist – das muß ich gestehen – hat gleich dieser Satz entzückt. Vor allem deswegen, weil er ein Lied ankündigte das zu der Gattung gehört, die mir die liebste Lektüre ist: Liebeslieder. Ich habe schon eine ganze Sammlung von ihnen. Hier eine Kostprobe:

»Schaut mich nicht so an,
weil ich gebräunt bin!
Die Sonne hat mich verbrannt.
Meiner Mutter Söhne waren mir böse,
ließen mich Weinberge hüten;
den eigenen Weinberg habe ich nicht gehütet« (Hld 1,6).
»Fangt uns die Füchse,
die kleinen Füchse!
Sie verwüsten die Weinberge,
unsere blühenden Reben« (Hld 2,15; vgl. auch Hld 7,13).

Wenn ich von Liebesliedern höre, so denke ich sofort an das tollste Lied, das ich in meiner Sammlung schon habe:

»Wende dich, wende dich, Schulammit!
Wende dich, wende dich,
damit wir dich betrachten.
Was wollt ihr an Schulammit sehen?
Den Lagertanz!
Wie schön sind deine Schritte in den Sandalen,
du Edelgeborene!
Deiner Hüften Rund ist wie Geschmeide,
gefertigt von Künstlerhand.
Dein Schoß ist ein rundes Becken,
Würzwein mangle ihm nicht.
Dein Leib ist wie ein Weizenhügel,
mit Lilien umstellt!
Deine Brüste sind wie zwei Kitzlein,
wie die Zwillinge einer Gazelle.
Dein Hals ist ein Turm aus Elfenbein.
Deine Augen sind wie die Teiche zu Heschbon
beim Tor von Bat-Rabbim.
Deine Nase ist wie der Libanonturm,
der gegen Damaskus schaut.
Dein Haupt gleicht oben dem Karmel;
wie Purpur sind deine Haare;
ein König liegt in den Ringeln gefangen.
Wie schön bist du und wie reizend,
du Liebe voller Wonnen!
Wie eine Palme ist dein Wuchs;
deine Brüste sind wie Trauben.
Ich sage: Ersteigen will ich die Palme;
ich greife nach den Rispen.
Trauben am Weinstock seien mir deine Brüste,
Apfelduft sei der Duft deines Atems,
dein Mund köstlicher Wein, der glatt in mich eingeht,
der Lippen und Zähne mir netzt« (Hld 7,1–10).

Dieser Text kam mir ganz spontan in den Sinn, als der Fremde sein Lied ankündigte, das Lied des Freundes von seinem Weinberg. Der Fremde schlug noch einmal den Kinnor, dann setzte er ein. Die Ankündigung schien ihm selbst gefallen zu haben, er wiederholte sie, dann begann er:

»Einen Weinberg besaß mein geliebter Freund
auf einer fruchtbaren Höhe« (5,1b).

Ich denke, mich laust der Affe. Das Lied kennst du doch! In meiner Sammlung habe ich folgendes stehen:

»Einen Weinberg besaß Salomo
in Baal-Hamon;
den Weinberg übergab er Hütern.
Für seine Frucht würde jeder
tausend Silberstücke bezahlen.
Mein eigener Weinberg liegt vor mir.
Die tausend laß ich dir, Salomo,
und zweihundert noch denen,
die seine Früchte hüten« (Hld 8,11f).

Nun sang der Fremde weiter:

»Er grub ihn um und entfernte die Steine
und bepflanzte ihn mit den edelsten Reben.
Er baute einen Turm in der Mitte
und legte eine Kelter an« (5,2a).

Na, das kann ja toll werden. Der Bursche ist gut. Nur gut, daß niemand von den Ordnungshütern da war. Wegen Absingens obszöner Lieder hätte man den Fremden gleich mundtot machen können. Der geht zur Sache. Ihr müßt nämlich wissen, daß das, was er da sang vom Graben im Weinberg, vom Entfernen der Steine usw. gar nicht so harmlos ist. Ihr habt sicher schon gemerkt, daß die Bildung, die ich im edubba, im Tafelhaus, erhalten habe, bei mir auf guten Boden gefallen ist. Begierig hatte ich die literaturgeschichtliche Vorlesung verfolgt, in der uns der Professor für Ägyptisch mit Liebesliedern vertraut machte. Sie enthalten ganz Ähnliches, wie es der Fremde eben gesungen hatte. Einmal heißt's: »Erfreue ihr Herz, solange sie da ist (das ist eine Mahnung an den Mann), sie ist ein guter Acker für ihren Herrn.« Oder einmal sagt ein Mädchen, sie sei das Grundstück, das dem Geliebten gehöre und fügt hinzu: »Lieblich ist der Kanal darin, den deine Hand gegraben hat.«

Auch in meinem Spezialfach, das ich mit Eifer studiere, dem Akkadischen, bin ich derartigen Bildern schon begegnet. Zum Beispiel: »Mein Feld ist einer Frau, welche ohne Gatten ist, gleich, wegen Mangels an Bestellung.« Na ja, ihr braucht euch nicht gleich zu entsetzen. Wir sind in unserer Gegend durchaus nicht prüde. Aber daß der Fremde so in der Öffentlichkeit sang, war doch etwas ungewöhnlich, muß ich schon sagen. Das Lied begann vielversprechend. Eben sang er:

»Er baute einen Turm in der Mitte
und legte eine Kelter an.«

Er wiederholte die Zeilen immer, so daß man genüßlich den Text nachvollziehen konnte, raffiniert gemacht.

»Er hoffte auf köstliche Trauben –
er brachte saure Beeren« (5,2b).

Wie bitte? Hatte ich recht gehört? Jawohl nochmals:

»Er hoffte auf köstliche Trauben –
er brachte saure Beeren.«

Er machte eine Pause im Gesang, spielte eine unerhört einschmeichelnde Melodie auf dem Kinnor und ließ uns ziemlich ratlos zurück. Was war mit dem Freund und seinem Weinberg, sprich seiner Geliebten? Der Phantasie waren keine Grenzen gesetzt.
Die einschmeichelnde Melodie brach er plötzlich ab. Ein gebrochener Akkord und dann:

»Nun sprecht das Urteil, Jerusalems Bürger
und ihr Männer von Juda,
im Streit zwischen mir und dem Weinberg!«

Verdutzt schaute ich meinen Freund Jojakim an. Was soll das? Irgendwie ein Stilbruch, meinte ich feststellen zu müssen. Der Fremde hat doch vom Freund und seinem Weinberg singen wollen. Jetzt hat er sich mit dem Freund identifiziert: »Im Streit zwischen mir und dem Weinberg.«
Und was soll das! Wir Jerusalemer sollen das Urteil sprechen! Na ja, bei den Sängern kommen solche Sachen schon vor. Manchmal sind sie gar nicht logisch.

»Nun sprecht das Urteil, Jerusalems Bürger
und ihr Männer von Juda,
im Streit zwischen mir und dem Weinberg!
Was konnte ich für meinen Weinberg tun,
das ich nicht für ihn tat?
Warum hoffte ich auf köstliche Trauben?
Warum brachte er nur saure Beeren?« (5,3–4)

Wieder hält er inne und spielt diese Melodie von eben, die einem wie ein Ohrwurm einging. Das Publikum, so bemerkte ich, war irgendwie unruhig geworden. Doch die tolle Melodie besänftigte die Gemüter. Er spielte sie zwei-, dreimal. Dann ein abgerissener Akkord, ziemlich mißtönend und mit schneidender Stimme ging es ohne jede Unterbrechung:

»Jetzt aber! Ich werde euch sagen,
was ich mit meinem Weinberg mache!
Weg seine Hecke, er diene zur Weide!
Einreißen seine Mauer – er werde zertrampelt,
zu Ödland mache ich ihn!
Er wird nicht beschnitten,
und er wird nicht behackt.
Aufgehen sollen Disteln und Dornen!
Den Wolken gebiete ich, keinen Regen auf ihn zu regnen«
(5,5–6).

Das war eine kalte Dusche, kann ich euch sagen. Und da war etwas völlig Neues: Der Bräutigam will den Wolken befehlen? Wer ist der Bräutigam? Und schon kam's:

»Ja, der Weinberg Jahwes der Heere
ist das Haus Israel,
die Männer von Juda
die Pflanzung seiner Lust.
Er hoffte auf Recht,
doch alles war schlecht,
auf Gerechtigkeit,
doch nur der Schrei des Rechtlosen« (5,7).

Der letzte Satz meißelte sich ins Gedächtnis ein. In unserer Sprache war er ein unerhörtes Gebilde.

Für alle war auf einmal das Lied klar. Die Honoratioren, Schebna und Natan voran, standen auf, verließen pikiert den Platz. Sie gingen wohl an einen Ort, wo es sich gemütlicher anließ und sie kulinarische Musik hören konnten (vgl. Jes 5,12). Auch die jüngeren Männer, mein Freund Jojakim und die anderen, wußten nicht so recht, was zu tun war. Der Fremde mit dem scharf geschnittenen Gesicht stand wortlos auf und ging ebenfalls davon. Er hatte seinen Auftritt gehabt. War es überhaupt *sein* Auftritt?

Mir ist's kalt den Rücken herunter gelaufen, als das Lied diese letzte Wendung nahm. Das war schärfste Kritik an unserem feisten, zufriedenen Leben in der Stadt, und er hatte die Kühnheit, dazu aufzufordern, selbst das Urteil zu sprechen. Ich war durcheinander. Ich fragte Jojakim, der mit den anderen auch schon gehen wollte: »Kennst du den eigentlich?« Jojakim antwortete merkwürdig kurz: »Ja. Jeschajahu ben Amoz«. Ich stand dann auf einmal allein und verloren auf dem Platz. Ich beschloß, mich zu erkundigen, ob dieser Jeschajahu auch sonst nochmals in der Stadt auftrat. Er trat auf, und ich habe ihn noch einige Male gehört. Seitdem habe ich mich zwar weiter auch mit der schönen Literatur befaßt. Ich bin noch ziemlich eitel und arrogant, doch mein Schwerpunktstudium wurde das Gottesrecht.

Das wollte ich euch erzählen. Mein erstes Erlebnis mit Jeschajahu – es hat mich verändert. Vielleicht verändert ihr euch auch, wenn ihr ihm aufmerksam zuhört.

Anmerkungen

»Deinem Feind laß Gerechtigkeit widerfahren«

[1] Giehse, Therese, »Ich habe nichts zum Sagen«. Gespräche mit Monika Sperr, Hamburg 1976, 144.
[2] Der Text findet sich bei Lambert, G.W., Babylonian Wisdom Literature, Oxford 1960, 101.
[3] Vgl. Morenz, S., Theologische Literaturzeitung 78 (1953), 187ff; Rad, G. von, Weisheit in Israel, Neukirchen-Vluyn 1970, 177 Anm. 25.
[4] Vgl. Ex 20,1–17; 34,10–26; Lev 18,6–18; 19,3–12.13–18.; Ex 23,10–19; Dtn 27,15–26.
[5] Anders ist der Ton in Spr 24,17f, wo man dem Feind mit Kälte, Distanz und Berechnung gegenübertritt. Der Spruch fordert auf, sich über das Unglück des Feindes nicht zu freuen, weil Gott sich sonst des Feindes erbarmen würde und ihn nicht gänzlich vernichten würde.
[6] Die folgende kommentierende Nacherzählung orientert sich stark an Rad, G. von, Die Josephsgeschichte, in: Rad, G. von, Gottes Wirken in Israel, Neukirchen-Vluyn 1974, 22–41. Vgl. ferner: Rad, G. von, Das erste Buch Mose. Genesis, Göttingen [10]1976.
[7] Schulte, H., Die Entstehung der Geschichtsschreibung im Alten Israel, Berlin/New York 1972, 32.
[8] Rad, G. von, Die Josephsgeschichte aaO. 38f.
[9] Rad, G. von, Die Josephsgeschichte aaO. 40f.
[10] Vgl. auch Wolff, H.W., Anthropologie des Alten Testaments, München 1973, 274–278; Rad, G. von, Bruder und Nächster im Alten Testament, in: Rad, G. von, Gottes Wirken in Israel, Neukirchen-Vluyn 1974, 238–249.

Schulderfahrung im Alten Testament

[1] »An diesem Bericht (d. h. 2 Sam 11–12) mag einer, dem die Bibel noch fremd ist, erkennen, warum das Alte Testament geschrieben wurde und warum es zur Bibel der Christenheit gehört« (Cl. Westermann, Tausend Jahre und ein Tag, Stuttgart 1957, 132).

»Gerechtigkeit und Friede küssen sich«

[1] Grosser, A., Geschichte Deutschlands seit 1945. Eine Bilanz, München [4]1976, 333.
[2] Vgl. dazu die Linien, die N. Lohfink, Heil als Befreiung in Israel, in: Scheffczyk, L. (Hrsg.), Erlösung und Emanzipation, Freiburg 1973, 30ff (Quaestiones disputatae 61) ausgezogen hat.
[3] Zimmerli, W., Die Weltlichkeit des Alten Testaments, Göttingen 1971.

[4] Vgl. zum Thema Menschenrechte »Gaudium et Spes« NNr. 26. 29. 42. 59. 73. 76, besonders Nr. 41: »Kraft des ihr anvertrauten Evangeliums verkündet also die Kirche die Rechte des Menschen, und sie anerkennt und schätzt die Dynamik der Gegenwart, die diese Rechte überall fördert.« (Rahner, K. / Vorgrimmler, H. (Hrsg.), Kleines Konzilskompendium, Freiburg ²1966, 487).

[5] Vgl. den Synodenbeschluß »Der Beitrag der katholischen Kirche in der Bundesrepublik Deutschland für Entwicklung und Frieden« in: Gemeinsame Synode der Bistümer in der Bundesrepublik Deutschland. Beschlüsse der Vollversammlung, Offizielle Gesamtausgabe I, Freiburg / Basel / Wien 1976, 494:497f; 505. – Vgl. ferner: Die Kirche und die Menschenreche. Ein Arbeitspapier der Päpstlichen Kommission Justitia et Pax, München / Mainz 1976 (Entwicklung und Frieden. Dokumente, Berichte, Meinungen 5).

[6] Engisch, K., Einführung in das juristische Denken, Stuttgart / Berlin / Köln / Mainz ⁵1971, 7.

[7] Heidelmeyer, W., Die Menschenrechte, Paderborn ²1977, 11.

[8] Vgl. dazu Lohfink, N., Drittes Gebot: »Denk an den Sabbat: Halte ihn heilig!«, in: Sandfuchs, W. (Hrsg.), Die 10 Gebote, Würzburg 1976, 39–51. – Ders., Die Sabbatruhe und die Freizeit: Stimmen der Zeit 194 (1976), 395–407.

[9] Vgl. Bloch, E., Atheismus im Christentum, Hamburg 970, 91.

[10] Troeltsch, E., Glaube und Ethos bei den hebräischen Propheten, in: Gesammelte Schriften IV, Tübingen 1925, 34–65.

[11] Rad, G. von, Gottes Wirken in Israel, Neukirchen-Vluyn 1974, 239f.

[12] Rad, G. von, Theologie des Alten Testaments, Band II: Die Theologie der prophetischen Überlieferungen Israels, München ⁴1965, 14.

[13] Zur Geschichte der Prophetenforschung seit M. Luther vgl. Zimmerli, W., Das Gesetz und die Propheten. Zum Verständnis des Alten Testaments, Göttingen ²1969; Neumann, P.H.A. (Hrsg.), Das Prophetenverständnis in der deutschsprachigen Forschung seit Heinrich Ewald, Darmstadt 1979. – Zur aktuellen Diskussion vgl. Schmidt, Joh. Mich., Probleme der Prophetenforschung: Verkündigung und Forschung, Beihefte zu »Evangelische Theologie« 17 (1972), 39–81, bes. 55ff.

[14] Vgl. Zimmerli, W., Das Gottesrecht bei den Propheten Amos, Hosea und Jesaja, in: Albertz, R. u. a. (Hrsg.), Werden und Wirken des Alten Testaments (Fs. Cl. Westermann), Göttingen / Neukirchen-Vluyn 1980, 216–235.

[15] Darstellungen der sozialen Situation in der Zeit des Amos versuchen bei sorgsamer Bearbeitung der Quellen: Fendler, M., Zur Sozialkritik des Amos. Versuch einer wirtschafts- und sozialgeschichtlichen Interpretation alttestamentlicher Texte, in: Evangelische Theologie 33 (1973) 32–53 und Schottroff, W., Der Prophet Amos. Versuch der Würdigung seines Auftretens unter sozialgeschichtlichem Aspekt, in: Schottroff, W. / Stegemann, W. (Hrsg.), Der Gott der kleinen Leute, Band 1: Altes Testament, München / Gelnhausen / Berlin / Stein 1979, 39–66.

[16] Wolff, H.W., Die Stunde des Amos. Prophetie und Protest, München ³1974, 56.

[17] Wolff, H.W., Die Stunde des Amos, aaO. 66f.

18 Wolff, H.W., Dodekapropheten 2: Joel und Amos, Neukirchen-Vluyn ²1975, 125.
19 Keel, O., Rechttun oder Annahme des drohenden Gerichts? Erwägungen zu Amos, dem frühen Jesaja und Micha: BZ. NF 21 (1977) 200–218. Zur weiteren Diskussion vgl. Schmidt, Joh. M., Ausgangspunkt und Ziel prophetischer Verkündigung im 8. Jahrhundert, aaO. 65–82. – H.W. Wolff hat inzwischen seine Meinung geändert und einen Vermittlungsvorschlag gemacht: Wolff, H.W., Die eigentliche Botschaft der klassischen Propheten, in: Donner H. u. a. (Hrsg.), Beiträge zur Alttestamentlichen Theologie (Fs W. Zimmerli), Göttingen 1977, 547–557.
20 Vgl. dazu Wolff, H.W., Anthropologie des Alten Testaments, München 1973, 229f.

»Frieden ohne Ende«

1 Der König als Garant des Rechtes ist ein uralter Topos. In der ältesten uns erhaltenen Gesetzessammlung aus Mesopotamien, den Gesetzen des sumerischen Königs Ur-Nammu (2112–2095 v. Chr.) finden sich im Prolog folgende Sätze: »Ur-Nammu ... richtete Gerechtigkeit im Lande auf. Er tat Verleumdung, Gewalt und Streit in Acht und Bann ... Die Waise wurde nicht dem reichen Mann ausgeliefert; die Witwe wurde nicht dem mächtigen Mann ausgeliefert; der Mann eines Schekels wurde nicht dem Mann einer Mine ausgeliefert«, d. h.: der arme Mann wurde nicht dem reichen Mann ausgeliefert (in: Pritchard, J. B., Ancient Near Eastern Texts Relating to The Old Testament (Supplement), Princeton 1969, 523 (87). Die Beschreibung der Funktion des Königs als Wahrer des Rechts der Schwachen fehlt in keinem der imponierenden Gesetzeskopora aus dem Zwischenstromland. Auch in den ugaritischen Texten, die zeitlich und räumlich dem Alten Testament näher stehen – die Texte stammen aus dem 14.–12. Jahrhundert –, gehört es zu den Pflichten des Königs, Recht zu sprechen und vor allem auf die Sache der Rechtsschwachen zu achen: »Dan'il ... setzte sich in die Öffnung des Tores unter die Vornehmen, die auf der Tenne sind. Er entschied die Sache der Witwe und schaffte Recht der Waisen« (Gordon, C.H., Ugaritic Textbook. Texts in Transliteration, Roma 1965 (1967), Text 1 Aqht I 19–25; Text 2 Aqht V 4–8; vgl. ferner Text 127,45f). Die Hoffnung, daß der Sproß aus dem Stamme Isais Recht und Gerechtigkeit wieder zum Siege verhelfen wird, hat dann auch in Jer 23,5f ein Echo gefunden (vgl. Jer 22,15).
2 Viele Interpreten, die zwar noch die Verse 1–5 dem Jesaja zutrauen, sprechen V. 6–8 dem Propheten ab (so jüngst Barth, H., Die Jesaja-Worte in der Josiazeit. Israel und Assur als Thema einer produktiven Neuinterpretation der Jesajaüberlieferung, Neukirchen-Vluyn 1977, 60ff). Doch ist darauf zu achten, daß diese Wirkungen – gerade wenn ein neuer König den Thron besteigt – erwartet werden. So heißt es z. B. in einem mesopotamischen Text: »Ein Fürst wird aufkommen 18 Jahre wird er die Königsherrschaft ausüben. Das Land wird sicher wohnen, das Herz des Landes wird froh sein, die Menschen werden Fülle erleben. Die Götter werden die Entscheidung über das

Land zum Guten entscheiden, günstige Winde werden wehen, die Dattelpalme und die Furche werden guten Ertrag bringen ... Die Gottheit des Viehs und die Gottheit des Getreides werden im Lande Fülle schaffen. Regengüsse und Fluten werden dasein, die Menschen des Landes werden ein Fest erleben« (zitiert und zur Erklärung von Jes 11, 1–9 herangezogen bei Wildberger, H., Jesaja. I. Teilband: Jes 1–12, Neukirchen-Vluyn 1972, 440). Die Texte ließen sich vermehren, die davon sprechen, daß bei der Thronbesteigung eines neuen Königs nicht nur Recht und Gerechtigkeit im Lande erwartet und erhofft wird, sondern daß diese Herrschaft zugleich auch kosmische Auswirkungen haben wird. Auf die vierte Ekloge bei Vergil hat man immer wieder hingewiesen: Sie bringt auch das Thema des Tierfriedens voll zum Ausdruck: »Nun ist gekommen das letzte Zeitalter ... von neuem wird geboren der große Reigen der Jahrhunderte ... Du reine Lucina, blick freundlich auf den Knaben, wenn er geboren wird, durch den zum ersten Male das eiserne Geschlecht aufhört und in der ganzen Welt das goldene beginnt ... Jener – der Knabe – empfängt das Leben der Götter. Er sieht die Heroen mit den Göttern gemischt und wird von ihnen gesehen. Er regiert mit der Kraft seines Vaters die zum Frieden gebrachte Welt... Von allein bringen die Ziegen die von Milch strotzenden Euter nach Hause. Und die Rinder haben keine Furcht mehr vor den großen Löwen. Die Wiege überschüttet dich mit schmeichelnden Blumen. Die Schlange ist nicht mehr da. Es ist nicht mehr das tückische Giftkraut. Nein, überall sprießt der Balsam Assyriens ... dann allmählich steht gelb das Feld von wogenden Ähren, dann hängt rot die Traube am ungepflegten Dorn, dann triefen vom Honigtau die harten Eichen« (H. Wildberger, aaO. 456).

3 Wildberger, aaO. 456.

4 Brecht, B., Gesammelte Gedichte. Band 3, Frankfurt 1976, 995.

5 Die folgenden Bemerkungen orientieren sich an Barth, H., Die Jesaja-Worte in der Josiazeit. Israel und Assur als Thema einer produktiven Neuinterpretation der Jesajaüberlieferung, Neukirchen-Vluyn 1977, 141–177.

6 Textfassung nach Barth, H., aaO. 141 f.

»Wirst du an den Toten Wunder tun?«

1 Der Text finde sich bei Pritchard, James B., Ancient Near Eastern Texts Relating to the Old Testament, Princeton [2]1955, 107.

2 Schott, A. / Soden, W. von, Das Gilgamesch-Epos, Stuttgart 1968, 65.

3 Ebd.

4 AaO. 101 f.

5 Kellermann, U., Überwindung des Todesgeschicks in der alttestamentlichen Frömmigkeit vor und neben dem Auferstehungsglauben, in: Zeitschrift für Theologie und Kirche 73 (1976), 259.

6 Schott, A. / Soden, W. von, Das Gilgamesch-Epos, aaO., 77 f.

7 So Kellermann, aaO., 260 f.

8 Übersetzung von Kaiser, O., Der Prophet Jesaja. Kapitel 13–39, Göttingen 1973 (ATD 18), 173.

[9] Wellhausen, J., Israelitische und jüdische Geschichte, Berlin 1897, 208.
[10] Zimmerli, W., Die Weltlichkeit des Alten Testaments, Göttingen 1971, 114. – Außer auf das eben genannte Buch von W. Zimmerli, in dem das Thema »Tod und Leben« vorzüglich erörtert wird (111–124), weise ich auf folgende Literatur hin: Wolff, H.W., Anthropologie des Alten Testaments, München 1973, 150–176; Kaiser, O. / Lohse, E., Tod und Leben, Stuttgart / Berlin / Köln / Mainz 1977; Knoch, O., »Wirst du an den Toten Wunder wirken?«. Sterben, Tod und ewiges Leben im Zeugnis der Bibel. Ein besinnliches Lesebuch, Regensburg 1977; Schreiner, J., Alttesamentliche Vorstellungen von Tod und Unsterblichkeit, in: Stichwort: Tod. Eine Anfrage, hrsg. von der Rabanus Maurus Akademie Fulda-Limburg-Mainz, Frankfurt 1979, 117–137.

Klage und Hymnus

[1] Becker, J., Wege der Psalmenexegese, Stuttgart 1975 (SBS 78), 130ff.
[2] Rilke, R.M., Briefe an seinen Verleger, 1934, 247, zitiert bei: Rad, G. von, Theologie des Alten Testaments I, München [4]1962, 412 Anm. 33.
[3] Luther, Martin, Die gantze Heilige Schrifft Deudsch, Wittenberg 1545. Letzte zu Luthers Lebzeiten erschienene Ausgabe. Herausgegeben von Hans Volz, Darmstadt 1972, Band I, 966f.
[4] Schild, M.E., Abendländische Bibelvorreden bis zur Lutherbibel, Gütersloh 1970, 203–207.
[5] Vgl. Migne PG 27, 11–46. Der Brief des Athanasius ist vorzüglich interpretiert bei Sieben, H.-J., Athanasius über den Psalter. Analyse seines Briefes an Marcellinus, in: Theologie und Philosophie 48 (1973), 157–173.
[6] Vgl. Augustinus, Confessiones IX, 4, 7. Zur Interpretation des Textes vgl. Sieben, H.-J., Der Psalter und die Bekehrung der Voces und Affectus. Zu Augustinus, Conf. IX 4, 6 und X 33, in: Theologie und Philosophie 52 (1977) 481–497.
[7] Vgl. etwa die Anthologie: Kurz, P.K. (Hrsg.), Psalmen vom Expressionismus bis zur Gegenwart, Freiburg / Basel / Wien 1978; Kurz, P.K., Niemand knetet uns wieder. Psalm und Lyrik im 20. Jahrhundert, in: Theologische Quartalschrift 57 (1977), 43–68.
[8] Buber, M., Der Glaube der Propheten, in: Werke II, München / Heidelberg 1964, 410.
[9] So auch Kraus, H.-J., Threni, Neukirchen-Vluyn 1965, 53. – Zum Problem Einzelner – Volk vgl. jetzt Gerstenberger, E., Der bittende Mensch. Bittritual und Klagelied des Einzelnen im Alten Testament, Neukirchen-Vluyn 1980, der die »individuellen Klagelieder« als Texte, die der Primärgruppe (Familie, Sippe) für ihre religiösen Vollzüge dienten, versteht. Die Einsichten Gerstenbergers führt weiter: Albertz, R., Persönliche Frömmigkeit und offizielle Religion, Stuttgart 1978.
[10] Neuerdings ist auf die Mehrdeutigkeit des im allgemeinen mit »denn« wiedergegebenen Wortes (kî) hingewiesen worden. Dieses Wort kann als eine stark betonende Partikel aufgefaßt werden, so daß sich die Übersetzung

»ja, wirklich« nahelegt. Bei dieser Deutung würde es sich dann nicht mehr um eine »Begründung des Lobes« sondern um eine »Durchführung des Lobes« handeln. Die in den Aufrufen Angesprochenen würden der Aufforderung nachkommen, indem sie rühmend die Taten Gottes erzählen. So deutet Crüsemann, Fr., Studien zur Formgeschichte von Hymnus und Danklied in Israel, Neukirchen-Vluyn 1969, 32 ff. Crüsemanns Argumente sind für manche Texte (Ps 118) überzeugend, dennoch läßt sich auch das bisherige Verständnis rechtfertigen.

»Ich hoffte auf Zuwendung – nichts«

[1] Kraus, H.-J., Psalmen. 2. Teilband: Psalmen 60–105, Neukirchen-Vluyn [5]1978, 643.
[2] Vgl. dazu Keel, O., Feinde und Gottesleugner, Stutgart 1969, 229f.

»Wie zahlreich sind deine Werke, Jahwe«

[1] Vgl. das Urteil bei Crüsemann, Fr., Studien zur Formgeschichte von Hymnus und Danklied in Israel, Neukirchen-Vluyn 1969, 304.
[2] Mörike, E., Sämtliche Gedichte. Übersetzungen, München 1975, 85.
[3] Vgl. dazu Crüsemann, Fr., Studien zur Formgeschichte von Hymnus und Danklied in Israel, Neukirchen-Vluyn 969, 285 ff.
[4] Vgl. Crüsemann, aaO., 287.
[5] Vgl. Crüsemann, aaO., 306.
[6] Gunkel, H., Die Psalmen, Göttingen [5]1968 ([3]1904), 453.
[7] Crüsemann, aaO., 287 Anm. 3.
[8] Assmann, J., Ägyptische Hymnen und Gebete, Zürich / München 1975, 54–63.
[9] Vgl. Kraus, H.-J., Psalmen. 2. Teilband: Psalmen 60–150, Neukirchen-Vluyn [5]1978, 884 f.
[10] Gunkel, H., aaO. 447f.
[11] Der Text findet sich bei Beyerlin, W. (Hrsg.), Religionsgeschichtliches Textbuch zum Alten Testament, Göttingen 1975, 108 f.
[12] Vgl. dazu Steck, O.H., Welt und Umwelt, Stuttgart / Berlin / Köln / Mainz 1978, 69.

Amos in Bet-El.

[1] Zur exegetischen Grundlage dieser Geschichte vgl. Wolff, H.W., Dodekapropheton 2. Joel und Amos, Neukirchen-Vluyn [2]1975; Wolff, H.W., Die Stunde des Amos. Prophetie und Protest, München [3]1974; Schottroff, W., Der Prophet Amos. Versuch der Würdigung seines Auftretens unter sozialgeschichtlichem Aspekt, in: Schottroff, W. – Stegemann, W. (Hrsg.), Der Gott der kleinen Leute. Sozialgeschichtliche Bibelauslegungen, Band 1: Altes Testament, München / Gelnhausen / Berlin / Stein 1979, 39–66.

Auftritt des Jesaja auf dem Platz vor dem Stadttor

[1] Zur exegetischen Grundlage dieser Geschichte vgl. Wildberger, H., Jesaja. I. Teilband: Jesaja 1–12, Neukirchen-Vluyn 1972, 163–174.
[2] Schott, S., Altägyptische Liebeslieder, Zürich 1950, 55.

DIE NEUE ECHTER BIBEL

Kommentar zum Alten Testament mit der Einheitsübersetzung

Herausgegeben von Weihbischof Dr. Josef G. Plöger (Köln) und Professor Dr. Josef Schreiner (Würzburg)

Die Neue Echter Bibel (Altes Testament) wird in etwa 20 Teillieferungen erscheinen und einen Gesamtumfang von 3500 bis 4000 Seiten haben. Ende 1985 soll das Gesamtwerk abgeschlossen sein.

1. Lieferung
Norbert Lohfink
KOHELET
88 Seiten

2. Lieferung
Werner Dommershausen
ESTER
50 Seiten

Günter Krinetzki
HOHESLIED
32 Seiten

3. Lieferung
Josef Schreiner
JEREMIA
ca. 160 Seiten

4. Lieferung
Alfons Deissler
HOSEA, JOEL, AMOS
ca. 148 Seiten

echter